"나는 영어에 관심도 없었고 잘하지도 못했다.
그! 런! 데! 이 책을 보는 순간,
영어를 다시 제대로 공부해 보고 싶어졌다.
이런 마음이 든 건 이 책이 처음이다!"

-30대 중반 영포자-

MAINICHI NO EIBUNPO

Copyright © 2012 JAMES M. VARDAMAN, All rights reserved.

Original Japanese edition published in Japan by Asahi Shimbun Publications Inc., Japan.

Korean translation rights arranged with Asahi Shimbun Publications Inc., Japan

through Imprima Korea Agency.

이 책의 한국어판 저작권은 Imprima Korea Agency를 통해 Asahi Shimbun Publications Inc., Japan과의 독점 계약으로 키출판사에 있습니다. 저작권법에 의해 한국 내에서 보호를 받는 저작물이므로 무단전재와 무단복제를 금합니다.

이 책은 원어민이 실제 영어회화에서
가장 많이 쓰는 영문법과 영어 문장들로 구성되어 있다.
또, 원어민은 어떤 뉘앙스로 이를 쓰는지도 알려준다.

이 책의 문장들은 낭독에 더없이 좋은 문장들이다.
매일 10분씩, 원어민 MP3를 들으며 낭독해라!
끝까지 다 낭독했으면 다시 처음으로 돌아가
낭독, 또 낭독해라!
이 책으로 6회 정도 반복 훈련하면
당신의 영어는 '기적같이' 달라져 있을 것이다.

기적은 당신이 만들어가는 것이다.
이 책이 처음부터 끝까지 당신과 함께할 것이다!

목차

이 책의 효과적인 활용법 ··· 07

훈련 매뉴얼 ··· 22

매일 10분 기초 영문법의 기적 ··· 27

DAY 01 평소형·일반형(현재형) [I do] ·· 28
DAY 02 Do…?를 사용한 의문문 ··· 30
DAY 03 be동사 ① [현재형 am, is, are] ··· 32
DAY 04 be동사 ② [현재형 am, is, are] ··· 34
DAY 05 be동사 의문문 ·· 36
DAY 06 존재와 위치를 나타내는 There is/are… ································ 38
DAY 07 it이 가리키는 것 ·· 40
DAY 08 This is와 That is의 구분 ·· 42
DAY 09 자기 것으로 만드는 have ··· 44
DAY 10 현재진행형 ··· 46
DAY 11 평소형·일반형(현재형)과 현재진행형의 차이 ······························· 48
DAY 12 과거형 ··· 50
DAY 13 과거형 의문문과 used to의 사용법 ······································ 52
DAY 14 과거진행형 ··· 54
DAY 15 will 지금 결정한 미래 ·· 60
DAY 16 be going to 이미 정해져 있던 미래 ····································· 62
DAY 17 will과 be going to의 구분 ··· 64
DAY 18 조동사 ① 부탁할 때 쓰는 can과 could ·································· 66
DAY 19 조동사 ② may와 might ·· 68
DAY 20 조동사 ③ should와 must ·· 70
DAY 21 조동사 ④ 편리한 would ·· 72
DAY 22 조동사 ⑤ 정중한 shall ··· 74

DAY 23	What으로 시작하는 의문문	76
DAY 24	Why로 시작하는 의문문	78
DAY 25	Which로 시작하는 의문문	80
DAY 26	When이나 Where로 시작하는 의문문	82
DAY 27	How로 시작하는 의문문	84
DAY 28	Let's를 사용한 제안	86
DAY 29	수동형 표현(수동태)	88
DAY 30	get의 용법	90
DAY 31	소유를 나타내는 대명사 my, mine	94
DAY 32	대명사(재귀대명사) myself	96
DAY 33	many와 much	102
DAY 34	매우 편리한 a lot of	104
DAY 35	some과 any	106
DAY 36	plenty of, little과 a little, few와 a few	108
DAY 37	명사 앞의 no와 none of	110
DAY 38	each와 every의 차이	112
DAY 39	설명을 덧붙이는 관계사	114
DAY 40	전치사 ① 시간을 나타내는 at	116
DAY 41	전치사 ② 시간을 나타내는 on과 in	118
DAY 42	전치사 ③ 공간을 나타내는 at	120
DAY 43	전치사 ④ 공간을 나타내는 in과 on	122
DAY 44	전치사 ⑤ on time과 in time	124
DAY 45	전치사 ⑥ for, during, while의 구분	126
DAY 46	전치사 ⑦ 교통수단을 나타내는 by	128
DAY 47	전치사 ⑧ 수단을 나타내는 by와 with	130
DAY 48	전치사 ⑨ 시간을 나타내는 by와 until의 구분	132
DAY 49	전치사 ⑩ 움직임을 나타내는 전치사	134
DAY 50	전치사 ⑪ 헷갈리는 예	136
DAY 51	-ed로 끝나는 형용사와 -ing로 끝나는 형용사	138
DAY 52	형용사의 비교급	140
DAY 53	3개 이상의 것을 비교하는 형용사(최상급)	142
DAY 54	형용사와 부사	144
DAY 55	'시키는' 표현 let, make, have의 구분	146

알아두면 좋은 시제 표현 ·········· 149

PLUS 01 현재완료형 ① ·········· 150
PLUS 02 현재완료형 ② ·········· 151
PLUS 03 현재완료형 ③ ·········· 152
PLUS 04 현재완료진행형 have+been+-ing ·········· 153
PLUS 05 과거완료형 had+동사의 과거분사 ·········· 154
PLUS 06 과거완료진행형 had+been+-ing ·········· 155
PLUS 07 미래완료형 will+have+동사의 과거분사 ·········· 156
PLUS 08 미래진행형 will+be+-ing ·········· 157
PLUS 09 미래완료진행형 will+have+been+-ing ·········· 158

이것만은 꼭!

이것만은 꼭! ① '지금부터' 시간과 '그때부터' 시간 ·········· 56
이것만은 꼭! ② 셀 수 있는 명사와 셀 수 없는 명사 ·········· 92
이것만은 꼭! ③ 관사의 기초 ·········· 98
이것만은 꼭! ④ 주요 불규칙동사 ·········· 148

이 책의 효과적인 활용법

분명, 어학의 천재는 존재한다

황열병이나 매독 연구로 유명한 일본의 세균학자 노구치 히데요(野口秀世) 박사는 사실 어학의 달인으로도 널리 알려져 있다. 1900년(메이지 33년), 당시 스물네 살이었던 그는 미국으로 향하는 배 안에서 셰익스피어의 『베니스의 상인』에 빠져 있었다고 한다.

당시에는 오늘날과는 비교도 되지 않을 만큼 교재도 턱없이 부족했을 뿐 아니라, 원어민을 만나는 것조차 하늘의 별 따기였다. 영어를 공부하기에는 정말이지 열악한 환경이었다. 음성이 들어 있는 회화 교재 따위 존재하지 않았다. 다만 영어로 된 의학 서적이나 영문 서적은 일본에서도 구하려면 구할 수 있었다. 물론 그 수는 적었지만 말이다. 그래서 의학도 노구치 청년은 미국으로 건너가는 배 안에 영국문학의 고전, 셰익스피어를 들고 갔던 것이다.

이를 미국에서 태어나 일본어를 공부한 필자의 경우에 비유하자면 일본에 유학을 가면서 무라카미 하루키가 아닌 『겐지이야기(源氏物語)』(11세기 일본 헤이안 시대 중기에 쓰인 일본 고대문학의 걸작-역주)를 열심히 읽은 것이나 마찬가지다.

오쿠무라 츠루키치(奧村鶴吉)의 『노구치 히데요(野口秀代)』라는 책을 보면 미국 행에 동행한 동료가 "왜 좀 더 현대적인 서적을 읽지 않는가?"라고 묻자, 노구치 청년은 "오래되었어도 셰익스피어의 문장은 대표적인 문학 작품입니다. 우선 옛것부터 제대로 읽어야 한다고 생각합니다."라고 대답했다고 한다.

도호쿠(東北)지방의 두메산골 아이즈(会津)에서 상경한 지 몇 년 되지도 않은 스물네 살의 노구치 히데요 청년은 그때까지 한 번도 영어권 나라에 가본 적이 없었다. 그럼에도 그는 의술에 뜻을 품고 영어권에 가서 의학을 배우기로 결심했다.

놀랍게도 그는 미국에 갓 도착했을 때부터 아무런 어려움 없이 영어를 읽고 쓸 수 있었다고 한다. 그 후 그는 미국인들을 감탄하게 만드는 논문을 차례차례로 써나갔다.

사실 노구치는 스물세 살 때 군의 신분으로 청나라에 간 적도 있었다. 그는 청나라로 향하는 배 안에서 중국어를 공부해서 함께 간 그 누구보다도 유창한 중국어를 구사해 관사와의 교섭을 도맡았다고 한다. 뿐만 아니라 청나라에 머무는 고작 다섯 달 동안 러시아어까지 습득했다고 전해진다.

　　(참고: 사이토 요시후미 斉藤兆史『영어달인열전(英語達人列伝)』)

세상에는 노구치 히데요 같은 어학의 천재도 물론 있겠지만 대부분의 사람은 그렇지 못하다.

편하고 쉬운 외국어 공부법 따윈 존재하지 않는다

필자는 미국에서 태어나 프린스턴 신학대학원에 입학한 후 일본에 흥미를 가지기 시작해서 졸업 후에는 하와이 대학에서 일본과 일본어에 대해 더 공부했다. 하와이 대 재학 시절에는 일 년 반 동안 하루 6시간씩 일본어 공부를 계속했다.

그 후 스물일곱 살 때 처음으로 일본을 방문했다. 그러나 막상 일본에 와보니 그동안 그렇게 열심히 공부했는데도 일본어가 전혀 통하지 않았다. 주변 사람들이 내가 외국인이라고 친절하게 말을 걸어주었는데도 무슨 말을 하는지 알아듣지 못했다.

처음에는 반년 정도 센다이(仙台)에서 살았는데 옆집 아파트 아주머니가 "거시기, 어데서 왔소?"라는 말을 듣고 '거시기'가 무슨 말인지 몰라 당황했던 적이 있다('거시기-' 부분은 일본 센다이 지방 사투리를 한국 독자들에게 맞추어 의역-역주). 이대로는 안 되겠다는 생각이 들어 일상생활에서 실제로 쓸 수 있는 생활 일본어를 배우기로 결심했다.

가장 효과적인 방법은 일상 회화가 실린 교과서 한 권을 철저히 마스터하는 것이라고 생각했다.

"시청은 어디예요?"

"어제는 친구와 술집에 갔었어요."

이런 예문을 외워서 하나하나의 문법(문형)을 익혀 나갔다.

'예문을 외운다고' 하면 언뜻 간단한 것 같지만 완전히 내 것으로 만들려면 몇 가지 단계를 거쳐야 한다. 읽어서 뜻을 이해하는 것만으로는 습득했다(사용할 수 있다)고 볼 수 없다.

말로 할 수 있기까지 크게 단계를 나누면 다음과 같다.

> **읽어서 뜻을 이해한다**
> ↓
> **들어서 뜻을 이해한다**
> ↓
> **스스로 발음할 수 있다**
> ↓
> **스스로 외워서 낭독할 수 있다**
> ↓
> **같은 문형의 문장을 단어를 바꾸어 사용할 수 있다**
> ↓
> **스스로 말할 수 있다**

당시 필자의 일본어 수준은 현재 대다수의 일본인들의 영어 실력과 마찬가지로 '읽을 수 있으며, 녹음된 깨끗한 소리는 듣기도 가능한' 수준이었다.

그렇다면 더 나아지기 위해 무엇을 하였는가.
매일 2시간, 하루도 빠짐없이 일본어 문장 음성을 들으며 소리 내어 말하는 훈련을 하였다. 훈련을 할 때는 대학의 어학연습실을 이용했다. 어학연습실은 사무자동화 기기가 지금처럼 발달해있지 않은 그 당시에도 종이 책의 음성을 자신의 속도에 맞추어 멈췄다가 재생해 가면서 자유롭게 듣는 것이 가능했기 때문이다.
그 당시 순서는 아래와 같았다.

> **예문 음성을 듣는다**
> ↓
> **예문의 뜻을 분명히 이해한다**
> ↓
> **한 번 더 음성을 듣는다**
> ↓
> **예문을 따라 자신의 발음으로 말한다**

이때 교과서는 보지 않는다. 잘 안 되면 할 수 있을 때까지 반복해서 듣고 기억한다. 완전히 암기하면
"**경상북도**는 어디예요?"(원문 "미야자키 현(宮崎県)은 어디예요?"를 의역 -역주)
"**그저께**는 **선생님**과 술집에 갔었어요."
라는 식으로 스스로 단어를 바꿔가며 연습해본다.

아무리 외국어라고 해도 두 시간이라고 하면 쉽게 들리지만 이런 단순한

예문을 계속해서 말하는 것은 말처럼 쉬운 일이 아니다. 하나의 문장을 낭독하는 데 5초가 걸리지 않으므로 두 시간 동안 계속하면 그 양이 상당하다. 듣는 시간을 뺀다고 쳐도 1000회 정도 반복해서 문장을 말하는 셈이다.

하지만 실제로 계속하다 보면 의외로 재미있다. 도호쿠 대학(東北大学)의 가와시마 류타(川島隆太)교수의 연구에 따르면 '낭독을 계속하면 뇌의 전두전야가 활성화된다'고 한다. 뇌과학적으로도 낭독하는 데 뇌를 많이 사용해야 해서 뇌 운동이 된다는 것이다.

그렇다면 낭독으로 뇌 운동을 함으로써 '러너스하이(runner's high, 중간 강도의 달리기를 지속할 때 느낄 수 있는 행복감-역주)'와 같은 상태가 되어 재미를 느끼는 것일까? 어찌 되었든 실제로 한 번 해 보면 느낄 수 있겠지만 처음에는 괴로워도 점차 기분이 좋아진다. 나는 이 훈련을 약 4년 동안 계속했다.

물론 꼭 4년을 계속해야 성과가 나타나는 것은 아니다. 이 훈련을 시작한 지 석 달 정도 되면 눈에 띄게 효과가 나타난다. **귀로, 입으로, 뇌로** 외국어가 스며든다. 그리고 언어를 관장하는 뇌 부위에 외국어 회로가 생겨나는 듯한 느낌이 든다. 뇌에서 언어를 관장하는 영역이 새로운 외국어에 대응할 수 있도록 바뀌는 셈이다. 귀 뒤쪽에 있는 언어를 이해하는 베르니케 영역(Wernicke's area)뿐만 아니라 언어를 입으로 내뱉을 때 활동하는 브로카 영역(Broca's area), 그리고 입과 턱 근육을 움직이는 부위 등 말과 관련된 영역이 반복 훈련을 통해 서로 연결되어, 그 결속이 점점 강해진다.

일단 이런 회로가 생기기만 하면 더 바랄 것이 없다. 처음에는 어렵게 느껴지던 훈련도 점점 수월해진다. 생각하는 대로 말을 받아들이고 내뱉을 수 있게 된다.

그 결과 외국어로 의사소통 할 수 있다는 자신감이 생긴다. 이처럼 즐거운 일이 또 있을까?

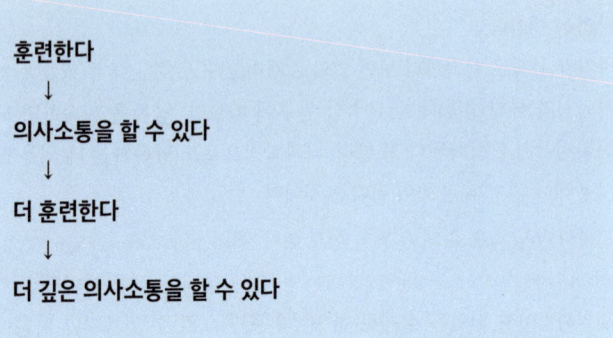

위와 같은 과정이 반복된다.

영어도
마찬가지다

영어 학습도 결국은 마찬가지다.

영문법이나 어법을 머리로 이해한다 해도 실생활 언어는 그런 식으로 익힐 수 없다. 또한 '그저 듣기만 하는'이라든지 '수면 학습으로 영어 습득'… 같은 편안한 방법으로는 결코 영어를 자연스럽게 구사할 수 없다.

공부가 아니라 훈련

자신 있게 말하건대 이것이 바로 외국어 공부의 왕도다. 야구를 잘하고 싶어서 이론에 통달해도 실제로 방망이를 휘두르지 않으면 공을 맞추지 못하는 것과 마찬가지다. 영어를 읽을 수 있어도 입을 떼지 않으면 절대로 회화로 이어지지 않는다.

예전에 전국 최고의 대입 진학률을 자랑하는 학교 중 하나인 츠쿠바 대학(筑波大学) 부속 고마바 중고등학교(駒場中学·高校)에서 중학교 영어 수업을 참관한 적이 있다. 당시 나는 그 수업에서 **낭독 훈련** 장면을 목격했다. 학생들이 낭랑한 목소리로 선생님을 따라 발음하면서 낭독하는 광경은 그야말로 **야구부의 기초 연습**과 같았다. 수업 전반에는 낭독 훈련을 하고, 후반에는 정해진 주제에 대해 영어로 발표했다. 중학생이 교과서의 주제에 대해 자기 수준의 영어로 발표하는 방식이다. 아무리 우수한 학생들이 모여 있다고는 해도 이 정도면 최정예만 추려서 수업을 받고 있는 것이 아닐까 하는 의심이 들 정도로 내용 자체도 매우 훌륭했다.

'과연 고마바!'라는 생각도 들었지만 그처럼 실제로 쓸 수 있는 영어 실력을 길러주는 원동력은 무엇보다 철저한 낭독 지도에서 나왔을 것이다.

즉 처음부터 우수한 두뇌가 모인 학교이기도 하지만 '어학은 머리로 공부하는 것이 아니라 눈과 귀와 입을 사용한 반복 훈련이 왕도다!'라는 소신을 굽히지 않았던 결과라고 할 수 있다.

규칙이 아닌
패턴을 몸으로 익히자

일본에서 대학생들을 지도하면서 느꼈던 것은 일본 영어 학습자들은 문법 규칙만 배워서 어떻게든 지름길로 가려고 한다는 것이다. 물론 수학은 정의나 공식을 제대로 이해하면 응용을 할 수 있다. 하지만 실제로 사용할 수 있는 영어를 익히는 데 이 같은 방식을 사용하면 지름길이 아니라 오히려 멀리 돌아가는 꼴이다.

어린 아이는 엄마의 말을 몇 백 번 들으면서 말을 점차 이해해나가지 않는가? 그리고 계속 그 말을 흉내 냄으로써 패턴을 익힌다. '무엇이 주어(S)이고 무엇이 동사(V)이고 무엇이 목적어(O)인가?'를 생각하면서 배우는 것이 아니다. 물론 성인들도 아기들과 똑같은 방법으로 배워야 한다고 주장하는 것은 아니다. 문장을 읽을 때에는 어느 정도 규칙을 배워두는 편이 훨씬 도움이 된다.

영어로 대화하고자 할 때 도움이 되는 것은 문법적인 지식이 아니라 몇 번이고 연습을 반복해서 익힌 영어의 기본 문형, 즉 **'영어의 패턴'**이다. 생각하지 않아도 자연스럽게 입에서 나올 정도로 연습하면 이러한 영어 패턴을 자기 것으로 만들 수 있다.

한걸음 더 나아가 다양한 패턴을 익히면 문법 규칙은 자동적으로 배울 수 있다. 자기 것으로 만든 패턴이 많으면 많을수록 패턴끼리 유기적으로 연결되어 유창한 문맥을 스스로 구성할 수 있다.

과학, 수학과는 달리, '논리적으로 완벽히 들어맞는 100% 절대 규칙' 따위가 영어에는 존재하지 않는다. 멀리 돌아가는 것 같아도 문장 패턴으로 기억하는 편이 살아 있는 말의 네트워크를 이리저리 연결해서 뇌 속에 **확고한 영어 회로를 구축해 줄 것**이다.

반복해서 말하지만, '지금까지 한국에 있는 영어 학습자들에게 절대적으로 부족한 것'은 아웃풋(output) 훈련이다. 읽는 것만으로는 진짜 말할 수 있는 영어를 체득할 수 없다.

넣었으면 다시 꺼내라.
인풋(input)이 있으면 아웃풋(output)이 있어야 한다.

필자가 가르치는 대학에서도 '난해한 영어 문장을 별 어려움 없이 읽을 수 있으면서도 간단한 영어회화조차 하지 못하는 학생'이 수두룩하다. 이는 지금까지의 영어 학습이 인풋(input)에만 지나치게 힘을 써서 아웃풋(output)과 불균형 상태를 이루게 되었기 때문이다.

야구나 수영, 축구에서도 스포츠 이론만 배우고 실전 훈련을 하지 않으면 조금도 실력이 늘지 않는다. 이는 영어를 배우는 학생과 직장인들도 마찬가지다. 지금까지의 영어 교육에서는 영어를 하기 위한 훈련, 즉 아웃풋(output) 훈련의 기회가 턱없이 부족했다.

그래서 학교에서 제대로 영어를 배우고 어려운 시험문제를 풀고, 심지어 대학에 입학을 해도 실제로 영어로 의사소통을 할 때는 자신의 생각을 제대로 전달하지 못하는 것이다.

말하기를 위한
영문법 문장

이 책은 자유롭게 영어회화를 할 수 있게 만드는 것이 목적이다. 즉 스스로 말할 수 있어야 한다. 이 책은 이를 위한 아웃풋(output) 훈련 전용 영문법 문장으로 구성되어 있다.

이 책의 특징은 2가지이다.

이 책의 특징

① 말을 하는 데 필요한 영문법 기초를 망라했다

② 원어민이 실제로 자주 사용하는 패턴으로 구성되어 있다

이 책의 특징 ①
국내 영어 교육에서 가르치는 영문법은 매우 방대하다. 논리적이고 상세하게 모국어로 설명하지만 영어 원어민인 내가 보기에는 유감스럽게도 의사소통을 하는 데 별로 중요치 않은 내용도 적지 않게 들어 있다.

예를 들면 학교에서 다음과 같은 연습문제를 배우곤 한다.

▶ 다음 영어 문장을 수동태(수동형)를 사용한 문장으로 바꾸어라.

My neighbor will take good care of my cat while I am away.
(내가 밖에 있는 동안 이웃집 사람이 우리 고양이를 돌봐줄 것이다)

어떠한가?
정답은 Good care will be taken of my cat by my neighbor while I am away. 이지만 **이 문장은 문법적으로는 맞아도 원어민은 이렇게 말하지 않는다.**

단지 수동태를 공부하기 위한 연습일 뿐이지 원어민인 필자가 볼 때는 무슨 말인지 도무지 이해가 안 된다.

학교에서 열심히 배우는 미래완료형도 마찬가지다. 원어민은 거의 사용하지 않으므로 그다지 중요한 문법은 아니다. 자주 쓰는 문법을 완전히 숙지하고 나서 자연스럽게 익혀야 하는 것이지 간단한 일상 회화도 못하는 학습자가 벌써부터 신경 쓸 문법은 아니라는 얘기다.

많은 사람들이 힘들어하는 관사도 마찬가지다. 처음부터 전부 기억할 수는 없으므로 틀리기 쉬운 것부터 익혀나가다 보면 언젠가는 잘 구사하게 될 것이다. 그렇게 공부해야 문법에 스트레스를 받지 않고 배우는 즐거움도 만끽할 수 있다.

물론 정확한 문법으로 말할 수 있으면 더할 나위 없이 좋겠지만 처음부터 완벽을 추구하는 것은 불가능하고 굳이 그럴 필요도 없다.
영어가 모국어인 사람들조차 완벽한 문법을 구사하기는 힘들다.
독자 여러분이 한국어로 대화할 때나, 회의나 프레젠테이션에서 발표할 때 그 내용을 한번 녹음해서 들어보라. 얼마나 엉터리 문법으로 말하는지 쉽게 알 수 있을 것이다. 하지만 굳이 완벽한 문법으로 말하지 않아도 그 자리에서 의미는 제대로 전달할 수 있다.
모국어도 이런 지경인데 하물며 외국어인 영어에서 약간의 문법 실수 따위에 연연할 필요가 있겠는가! 예를 들면, "She speak a little English."는 주어가 3인칭이므로 동사 speak에 's'가 붙지 않으면 문법적으로 잘못이다. 그러나 "She speaks a little English."라고 해야 하지만 "She speak a little English."라고 해도 뜻은 제대로 통한다.

그보다는 **자신이 하고 싶은 말을 어떻게 전달할 것인지**에 중점을 두어야 한다.

처음부터 미래완료진행형이 필요하다든지, 가정법을 사용하고 싶으니까 동사를 과거형으로 만들어야 한다는 식으로 문법에 지나치게 신경 쓰다 보면 아무리 시간이 지나도 말은 하지 못한다.
'영어를 배울 때는 완벽주의를 버리자'라는 말을 많이 들었을 것이다. 실패를 두려워하지 말고 무조건 입 밖으로 내보는 것이 중요하다. 실전보다 중요한 게 어디 있겠는가?

영어로 말하는 데 필요한 문형을 모은 것이 바로 이 책의 문장이다.
그저 읽고 이해하는 것만으로는 의미가 없다.
스스로 입 밖으로 낼 수 있고,
단어를 바꿔서 문장을 말할 수 있어야 한다.
이 수준에 이를 때까지 훈련하면 반드시 스스로 영어를 말할 수 있을 것이다.

이 책의 특징 ②
이 책은 당장 사용할 수 있는 문법을 먼저 익히도록 문장을 구성했다.
이왕에 배우려면 **전부 사용할 수 있는 문장**이어야 하지 않겠는가?
다른 교재를 비판하고 싶지는 않지만 많은 학생이나 학습자가 사용하는 문장을 보면 설령 문법적으로 맞을지라도 원어민은 전혀 쓸 일이 없을 듯한 예문을 종종 볼 수 있다. 아마 학습자도 평생 써볼 일이 없을 것이다. 또한 너무 유치하거나 지나치게 딱딱한 예문도 있다.
그런 경우를 피하기 위해 이 책에서는 원어민이 평소에 사용하는 문형만을 엄선했다. 필자는 이 문형을 작성하기 위해 미국에 귀국할 때마다 일상생활에서 흔히 듣는 문장, 흔히 쓰는 표현을 정리해왔다.
진정 영어를 유창하게 하고 싶다면 한국어 설명이 긴 영어책을 외울 것이 아니라, 일상생활에서 자주 쓰는 패턴을 모은 이 책의 문장들을 익히는 편이 지름길이라고 필자는 확신한다.

이 책의 문장은
결코 간단하지 않다

이 책의 문장은 길이가 짧고 어려운 단어를 쓰지 않았기 때문에 얼핏 보기에 너무 쉬워 보일 수도 있다. 이렇게 한 이유는 지금까지 스스로 말하는 훈련을 할 기회가 별로 없었을 학습자들이 갑자기 긴 문장을 외워서 낭독하기는 어렵기 때문이다. 예문을 듣고 그것을 흉내 내듯이 낭독하는 것(listen & repeat)이 훈련의 기본이지만 아무리 간단한 예문이라도 문장이 길면 익숙하지 않은 학습자는 따라갈 수가 없다.
이 책 예문의 대부분은 7개 안팎의 단어로 구성되어 있는데 이는 7개 ±2개 정도여야 수월하게 기억할 수 있기 때문이다. (이를 '매직 넘버 7'이라고 한다) 그래서 이 책 예문의 길이 정도면 영어로 말하는 데 익숙하지 않은 학습자라도 쉽게 낭독할 수 있다.

그렇다고 해서 이 책의 문장이 결코 간단한 것은 아니다. **아는 것과 쓸 줄 아는 것은 전혀 다른 차원의 문제**이기 때문이다. 문장을 읽고 이해하는 것은 그다지 어렵지 않다. 다시 한 번 말하지만 이 책의 목적은 그런 수준에 머무르는 것이 아니라 문장을 모두 **말할 수 있는** 수준이 될 때까지 익히는 것이다.
또한 무턱대고 외우는 것이 아니라 한눈에 포인트가 되는 이미지가 떠오르도록 요점 해설을 최대한 간략하게 제시한다(**영어를 말할 때는 문법 설명이 필요하지 않으니** 복잡한 문법 이론이나 설명은 생략했다).

독자들이 언어학자가 되려는 것은 아니므로 90%가 한국어인 문법책처럼 장황한 설명을 달지도 않았다. 그보다는 간단한 이미지와 함께 언제든지 사용할 수 있는 예문 패턴을 정리하는 데 주력했다. 이를 자기 것으로 만들어야 한다.

한 가지 덧붙이자면 문법 지식보다 중요한 것은 가능한 한 다양한 단어를 익히는 것이다.

언어가 되어야 지성을 나타낼 수 있는 법이다. 어휘가 풍부할수록 말하기는 당연히 재미있어진다. 이 책에서 다루는 기본 문형을 익혀서 **풍부한 어휘로 자신의 생각을 표현**한다면 원어민과 깊이 있는 대화가 가능하다.

중학교 수준의 영어 단어 1,200개 정도가 일상 대화에 필요한 단어의 80%를 커버한다고 한다. 이 책을 손에 든 여러분은 아마 그 정도의 어휘력을 충분히 갖추고 있을 것이다. 이제부터는 자신이 흥미 있는 분야나 자신의 업무에 필요한 단어를 점차 늘려나가면 된다.

이 책을 공부하면
무엇을 얻을 수 있나?

이 책을 잘 공부하면 회화의 기초를 다질 수 있다.
필자를 믿고 이 한 권으로 꾸준히 훈련해보기 바란다. 놀랄 만큼 말문이 트일 것이다. 여러분은 지금까지 제일 중요한 말하기 훈련을 해오지 않았을 뿐 이미 기초는 갖추고 있다.
나아가 이 책의 문형은 영어회화에 필요한 우수한 부품이다.
훈련을 통해 자유자재로 부품을 교체할 수 있게 되면 문장과 문장을 유기적으로 연결해서 더 높은 수준의 대화를 나눌 수 있다.
다시 한 번 강조하는데
너무 쉽다고 무시하지 말고 계속해보기 바란다.
틀림없이 영어회화까지도 잘할 수 있게 될 것이다.

자, 이제 이 책의 훈련법(훈련 매뉴얼)을 자세히 설명하겠다. 다 아는 내용 같아도 반드시 한 번은 읽어보기 바란다. 영어를 잘하기 위한 또 다른 핵심을 파악할 수 있다.

훈련 매뉴얼

Step 1 포인트 이미지를 파악한다

본문의 문형은 총 55개로 구성되어 있다. Step 1에서는 각 문형의 포인트를 간단히 설명한다. 불필요한 문법 용어는 쓰지 않고 그림이나 도식으로 요점만 이미지화 했다. 영어는 문법 용어를 외운다고 말을 할 수 있는 것이 아니다. 문형의 포인트 이미지를 대충 파악해서 영어 패턴을 익히자. 머리로 기억하는 것이 아니라 말하면서 자연스레 이미지가 떠오르는 것을 목표로 훈련하자.

Step 2 기초 훈련을 한다

① 모든 문장을 읽고 뜻을 이해한다

뜻을 이해하지 못하는 문장을 낭독하기보다는 완벽히 이해한 문장을 낭독하는 편이 몇 배 더 효과적이다. 이때 뜻을 외울 필요는 없다. 오른쪽 페이지에 한국어 해석이 있지만 어디까지나 이해를 돕기 위한 것일 뿐이다. 중요한 것은 영어를 그대로 이해하고 머릿속에서 문장이 뜻하는 것을 이미지화할 수 있느냐다.

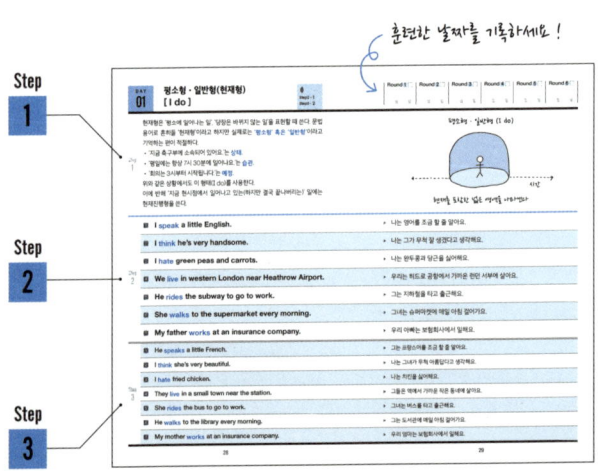

② 소리를 들으면서 문장을 보고 낭독한다 (5번 이상)

소리를 들으면서 그 소리를 따라서 같이 낭독하자. 문장을 보면서 낭독해도 된다. Step 2의 문장 전부를 그렇게 한다. 만일 2, 3번 반복해도 낭독이 잘 안 되는 문장이 있으면 그 문장만 반복 연습해라. 할 수 있게 되면 다시 처음부터 낭독하자. 최소한 5번은 낭독하되 그 후 몇 번을 반복해도 상관없다. 하면 할수록 자기 실력이 된다.

영어 원어민에 버금가는 영어 실력을 지닌 사람들에게 물어보면 대부분의 사람들이 거의 매일 낭독을 계속했다고 한다. 그래서인지 영어 전문가인 동시통역가 중에도 중요한 통역일이 있으면 낭독 훈련을 해서 워밍업을 한다는 사람이 많다.

말은 소리다. 낭독은 눈과 귀, 입을 동시에 다 사용할 수 있기 때문에 매우 효과적이다. 초급 수준인 사람에게도, 고급 수준인 사람에게도 낭독은 영어 학습의 왕도라고 단언할 수 있다.

③ 소리를 듣고, 문장을 보지 말고 낭독한다 (5번 이상)

한 문장 한 문장 소리를 듣고서 고개를 들어 문장을 보지 말고 낭독(recitation)하자. 재생버튼의 일시정지를 사용해서 한 문장씩 반복한다.

낭독할 때는 문장의 뜻, 단어의 발음, 문장의 톤 전부를 마스터해야 한다. 이해하지 못했거나, 소리를 잘 못 들었거나, 문장에 의존하다 보면 도중에 막혀서 발음을 대충 얼버무리곤 한다. 이 훈련은 여러분 자신을 위한 것이므로 최대한 자신에게 엄격해지기 바란다.

완벽하게 낭독할 수 있을 때까지 타협하지 말고 최대한 반복하자.

Step 3 단어를 바꿔 넣는 훈련을 한다

응용 훈련이다. Step 2의 문장에 단어를 바꾸는 연습을 해보자.

주어를 바꾸거나 시제를 바꾸면 동사의 형태가 변하는 수가 있다. 단수형, 복수형을 바꾸면 시제의 다른 곳도 바꿔야 한다. 스스로 자유롭게 문장을 만들어 낭독해보는 것이 좋지만 그렇게까지 할 자신이 없는 사람은 Step 3의 영어 문장으로 연습해보자. 문법은 Step 2의 훈련과 같다. ①②③의 순서대로 해보자.

자유자재로 응용이 가능한 사람은 소리를 사용하지 말고 스스로 말하는 연습을 해보기 바란다. 이것이 가능해지면 유창한 회화까지 그리 멀지 않다. Step 2에서 제대로 말하기 위한 영문법을 익혔으니 이를 이용해서 단어를 자기 말로 바꾸는 것만으로도 응용 회화가 가능하다.

원어민 MP3 듣기 & 다운로드

위 QR코드에 접속하시면 이 책의 Step 2, Step 3 원어민 MP3를 재생 및 다운로드 하실 수 있습니다.

키출판사 '키에듀' 학습자료실에서도 다운로드 하실 수 있습니다.
keyedu.co.kr

이상 Step 1, Step 2, Step 3가 훈련의 전부다.
기본적으로 문장은 7개이며(문형에 따라 숫자는 조금씩 다르다) 7개의 단어로 구성되어 있다. 반드시 달성할 때까지 연습해서 모든 문형을 완전히 자신의 것으로 만들기 바란다. 이를 위한 7단어, 7문장이다.

또한 페이지마다 오른쪽 상단에는 날짜를 적을 수 있는 칸(Round 1~6)이 있다. 훈련을 마친 날짜를 적어 넣자.
그것이 당신의 과제 달성 기록이다. 대수롭지 않게 생각할지도 모르지만 성실히 기록하면 중도에 포기하거나 다른 교재로 바꿔보고 싶은 마음을 다잡고 자신을 스스로 응원할 수 있다.
반드시 자신만의 '매일 10분 기초 영문법의 기적'을 완성해나가기 바란다.

DAY 55까지 다 끝냈으면 다시 DAY 01으로 돌아가서 두 번째 학습을 시작하기 바란다. 각 항목을 막 끝마쳤을 때는 기억날 수도 있지만 한 권을 다 마칠 무렵에는 틀림없이 잊어버린 부분, 애매한 부분이 있을 것이다. 반복해서 공부하다 보면 그런 사실을 깨달을 수 있을 것이다.
두 번째 복습을 마치면 세 번째도 도전하자. 모처럼 생기기 시작한 영어 회로를 자신의 것으로 만들 수 있는지는 두 번, 세 번 꾸준히 훈련했느냐, 하지 않았느냐에 달렸다.
네 번째 이후는 각자의 실력에 맞춰서 하면 된다. '세 번 복습하니 이제는 완벽하다!'고 생각하는 사람은 다른 교재로 바꿔도 좋다. 이 책에서 영어회화를 위한 최상의 부품을 손에 넣었으니 그 후로는 문장과 문장을 유기적으로 연결해서 더 복잡하고 깊은 대화를 나눌 수 있도록 훈련해야 한다.
그러려면 자기가 좋아하는 분야의 영어를 자꾸 파고 들어서 '바로 이거다!' 싶은 문장을 찾아 낭독하자. 요령은 이 책의 Step 1, Step 2, Step 3와 마찬가지다. 원어민이 말하는 문장 그대로는 어려울 수 있으므로 처음에는 자기가 좋아하는 한 문장부터 시작해도 된다. 그렇게 자신이 흥미 있다고 생각하는 영어, 업무에 필요한 영어를 자꾸 모으다 보면 어느새 유창하게 회화를 할 수 있을 것이다.

달성 기록 칸은 6번째까지 만들었다. 3주 안에 스스로가 만족할 수 없다면 4주, 5주, 6주… 스스로 만족할 때까지 계속하기 바란다. 이 책의 내용으로 훈련하면 결코 실망하지 않을 것이다.

영어회화는 좋은 교재로 반복해서 훈련하는 것이 제일이다.

몇 번이나 강조하지만 이 책에는 쓸데없는 문장이 하나도 없으니 필자를 믿고 도전해보자. 효과는 정말 기대해도 좋다.

James M Vardaman

매일 10분
기초 영문법의 기적

영어패턴이 보이고
영어회화가 된다!

DAY 01 평소형·일반형(현재형) [I do]

Step2 - 1
Step3 - 2

Step 1

현재형은 '평소에 일어나는 일', '당장은 바뀌지 않는 일'을 표현할 때 쓴다. 문법 용어로 흔히들 '현재형'이라고 하지만 실제로는 **'평소형' 혹은 '일반형'**이라고 기억하는 편이 적절하다.

- '지금 축구부에 소속되어 있어요.'는 **상태**.
- '평일에는 항상 7시 30분에 일어나요.'는 **습관**.
- '회의는 3시부터 시작됩니다.'는 **예정**.

위와 같은 상황에서도 이 형태(I do)를 사용한다.

이에 반해 '지금 현시점에서 일어나고 있는(하지만 결국 끝나버리는)' 일에는 현재진행형을 쓴다.

Step 2

1. I **speak** a little English.
2. I **think** he's very handsome.
3. I **hate** green peas and carrots.
4. We **live** in western London near Heathrow Airport.
5. He **rides** the subway to go to work.
6. She **walks** to the supermarket every morning.
7. My father **works** at an insurance company.

Step 3

1. He **speaks** a little French.
2. I **think** she's very beautiful.
3. I **hate** fried chicken.
4. They **live** in a small town near the station.
5. She **rides** the bus to go to work.
6. He **walks** to the library every morning.
7. My mother **works** at an insurance company.

Round 1 ☐	Round 2 ☐	Round 3 ☐	Round 4 ☐	Round 5 ☐	Round 6 ☐
월 일	월 일	월 일	월 일	월 일	월 일

평소형 · 일반형 (I do)

현재를 포함한 넓은 영역을 나타낸다

- 나는 영어를 조금 할 줄 알아요.
- 나는 그가 무척 잘 생겼다고 생각해요.
- 나는 완두콩과 당근을 싫어해요.
- 우리는 히드로 공항에서 가까운 런던 서부에 살아요.
- 그는 지하철을 타고 출근해요.
- 그녀는 슈퍼마켓에 매일 아침 걸어가요.
- 우리 아빠는 보험회사에서 일해요.

- 그는 프랑스어를 조금 할 줄 알아요.
- 나는 그녀가 무척 아름답다고 생각해요.
- 나는 치킨을 싫어해요.
- 그들은 역에서 가까운 작은 동네에 살아요.
- 그녀는 버스를 타고 출근해요.
- 그는 도서관에 매일 아침 걸어가요.
- 우리 엄마는 보험회사에서 일해요.

DAY 02   Do…? 를 사용한 의문문

Step2 - 3
Step3 - 4

일반동사를 사용한 문장을 의문문으로 만들 때는 **주어 앞에 do 혹은 does를 붙인다**. 주어가 3인칭 단수(he, she, it으로 바꿀 수 있는 주어)일 때는 does 를 쓴다.
(be동사를 사용한 의문문에 대해서는 DAY 05에서 설명하겠다)

Step 1

'무엇을?' '어떻게?' '어디에서?' 등을 묻고 싶을 때는 do 앞에 묻고 싶은 사항을 나타내는 말 What(무엇을?), How(어떻게?), Where(어디에서?), Why(왜?), Which(어느 것을?) 등을 붙인다. 이 단어들이 질문할 때 기본이 되는 단어다.

Step 2

1. **Do** you enjoy rock 'n' roll?
2. **Do** your parents live near you?
3. Where **does** rubber come from?
4. What **does** "Hanok" mean?
5. How often **do** you travel on business?
6. How much **does** it cost to play golf?
7. What **do** you do?

Step 3

1. **Do** you speak English?
2. **Do** your parents both work?
3. Where **does** rugby come from?
4. What **does** it mean?
5. How often **does** she travel abroad?
6. How much **does** it cost to join?
7. What **do** you do during vacations?

Round 1 ☐	Round 2 ☐	Round 3 ☐	Round 4 ☐	Round 5 ☐	Round 6 ☐
월 일	월 일	월 일	월 일	월 일	월 일

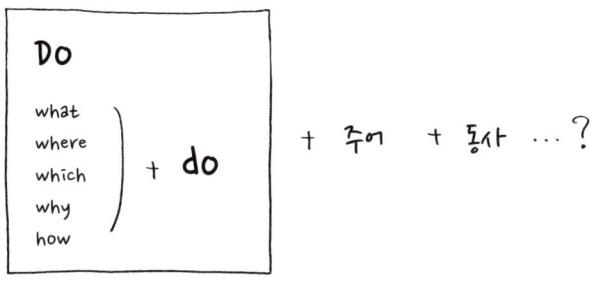

- 로큰롤을 즐기나요?
- 부모님이 근처에 사시나요?
- 고무는 어디서 나오는 거죠?
- "한옥"은 무슨 뜻이에요?
- 얼마나 자주 출장 가요?
- 골프를 치려면 돈이 얼마나 들어요?
- 무슨 일을 하시죠?

- 영어를 할 줄 알아요?
- 부모님 두 분 다 일하시나요?
- 럭비는 어느 나라에서 온 거죠?
- 그것은 무슨 뜻이에요?
- 그녀는 얼마나 자주 해외 여행을 가요?
- 가입하려면 돈이 얼마나 들어요?
- 휴가 때는 무엇을 하시죠?

be동사 ①
[현재형 am, is, are]

사물이나 사람에 대해 뭔가 정보를 줄 때는 be동사를 사용한다.
어순은 다음과 같다.

「사물」- (be동사) - 「그 사물의 정보」
　주어　　　동사

Step 1
be동사는 주어의 종류에 따라 형태가 완전히 달라지므로 주의한다.
현재형은 I 일 때는 am, You일 때는 are, 3인칭일 때는 is,
인칭에 상관없이 복수일 때는 are를 사용한다.

Step 2

1. I am 35 years old.
2. I am really sleepy now.
3. My parents are teachers.
4. I am Canadian and I am from Vancouver.
5. The weather is cold and rainy.
6. I'm married and have two kids.
7. Attendance is optional.

Step 3

1. I'm 43 years old.
2. I'm really hungry now.
3. My parents are retired.
4. I'm Australian and I'm from Sydney.
5. The weather is warm and sunny.
6. I'm single and live alone.
7. Attendance is required.

be동사의 사용법 첫 번째

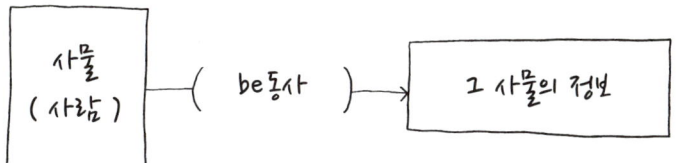

- 나는 35살이에요.
- 나는 지금 정말 졸려요.
- 우리 부모님은 선생님이에요.
- 나는 캐나다 사람이고, 밴쿠버 출신이에요.
- 날씨가 춥고 비가 와요.
- 나는 기혼이고, 아이가 두 명 있어요.
- 출석은 선택사항이에요.

- 나는 43살이에요.
- 나는 지금 정말 배고파요.
- 우리 부모님은 은퇴하셨어요.
- 나는 호주 사람이고, 시드니 출신이에요.
- 날씨가 따뜻하고 화창해요.
- 나는 미혼이고, 혼자 살아요.
- 출석은 필수예요.

be동사 ②
[현재형 am, is, are]

Step2 - 7
Step3 - 8

Step 1

「언급하는 사물(주어)+주어에 맞는 be동사+주어에 대한 정보(설명)」가 'be동사'를 사용할 때의 기본적인 형태다.

정보의 종류는 상관이 없다. 예를 들면 사람이나, 사물이 어디에 있는지와 같은 위치 정보를 전달할 때도 be동사를 사용한다. 위치 정보는 '위치 관계를 나타내는 말(at, in, on, near 등 전치사)'+'위치나 장소를 나타내는 말(명사, 명사구)' 두 부분을 합쳐서 위치를 나타낸다.

우리말에서는 '회사에 있다'와 같이 위치나 장소를 나타내는 말을 먼저 말한 다음, 위치 관계를 나타내는 말(조사 '에')이 따라오지만 영어에서는 at my office와 같이 순서가 반대다.

Step 2

1. I am at my office now.
2. She is in her office today.
3. Mike is in France for a week.
4. You are in the first basement now.
5. We are now inside the main lobby.
6. They are at the stadium this afternoon.
7. The department store is near the subway.

Step 3

1. I am on the subway now.
2. He is in his office today.
3. Mike is in Spain for ten days.
4. You are on the second floor now.
5. We are now outside the main library.
6. They are at the coffee shop now.
7. The museum is near the subway.

be동사의 사용법 두 번째

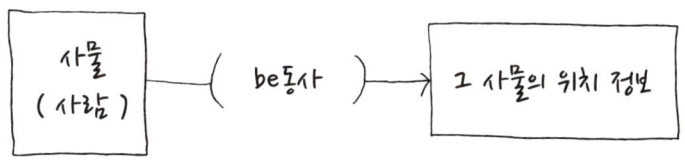

- 나는 지금 회사에 있어요.
- 그녀는 오늘 사무실에 있어요.
- 마이크는 프랑스에서 1주일 동안 머물 거예요.
- 당신은 지금 지하 1층에 있어요.
- 우리는 지금 중앙 로비 안에 있어요.
- 그들은 오늘 오후에 경기장에 있을 거예요.
- 그 백화점은 지하철 가까이에 있어요.

- 나는 지금 지하철에 있어요.
- 그는 오늘 사무실에 있어요.
- 마이크는 스페인에서 열흘 동안 머물 거예요.
- 당신은 지금 2층에 있어요.
- 우리는 지금 중앙 도서관 밖에 있어요.
- 그들은 지금 카페에 있어요.
- 그 박물관은 지하철 근처에 있어요.

be동사 의문문

be동사를 사용한 문장을 의문문으로 만들 때는 순서를 바꿔서 **주어 앞에 be동사를 내보낸다**. be동사의 형태는 바꾸지 않는다.

Yes, No만으로는 대답할 수 없는 질문(무엇을, 어떻게, 어디에서 등)을 할 때는 be동사 앞에 묻고 싶은 종류를 나타내는 말(5W1H: What, When, Who, Where, Why, How)을 붙인다.

Step 1

비단 be동사만 그런 것은 아니지만, 의문문은 크게 Are you hungry?(배고프니?)와 같이 Yes, No로 대답할 수 있는 의문문과 Where is the bus terminal?(버스터미널은 어디인가요?)과 같이 Yes, No로는 대답할 수 없는 뭔가 구체적인 정보(무엇을, 어떻게, 어디에서, 왜 등)를 묻는 의문문이 있다.

Step 2

① **Are** you hungry?

② A: **Are** you from the United States? B: No, we're [we are] from Canada.

③ A: **Is** this the bus to Melbourne? B: Yes, it is.

④ **Is** it okay if I leave early?

⑤ What **are** your business hours?

⑥ Where **is** the bus terminal?

⑦ When **is** the next train?

Step 3

① **Are** you worried?

② A: **Are** you from the U.K.? B: No, I'm from the U.S.

③ A: **Is** this the train to Los Angeles? B: Yes, it is.

④ **Is** it okay if I sit here?

⑤ What days **are** you open?

⑥ Where **is** the nearest bookstore?

⑦ When **is** the next flight?

Round 1 ☐	Round 2 ☐	Round 3 ☐	Round 4 ☐	Round 5 ☐	Round 6 ☐
월 일	월 일	월 일	월 일	월 일	월 일

be동사 의문문

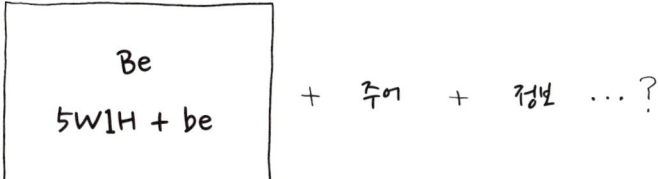

- 배고프세요?
- A: 미국에서 오셨어요? B: 아니요, 우리는 캐나다에서 왔어요.
- A: 이 버스가 멜버른으로 가는 버스인가요? B: 네, 맞아요.
- 오늘 일찍 가도 되나요?
- 영업 시간이 어떻게 되시죠?
- 버스 터미널이 어디죠?
- 다음 기차는 언제죠?

- 걱정되세요?
- A: 영국에서 오셨어요? B: 아니요, 미국에서 왔어요.
- A: 이 기차가 로스앤젤레스로 가는 기차인가요? B: 네, 맞아요.
- 여기 앉아도 되나요?
- 무슨 요일에 문을 여나요?
- 가장 가까운 서점이 어디죠?
- 다음 비행기는 언제죠?

DAY 06 존재와 위치를 나타내는 There is/are….

Step2 - 11
Step3 - 12

Step 1

대화 속에서 뭔가가 (거기에) '있다'는 사실을 전달하고자 할 때는
There +be동사+사물이나 사람의 순으로 문장을 만든다.
하지만 단지 뭐가 있다는 것만이 아니라, 그 뒤에 '어디에 있는가'와 같은 위치 정보를 덧붙일 수도 있다.

DAY 04에서 설명한 바와 같이 위치 정보는 '위치 관계를 나타내는 말(at, in, on, near 등 전치사)'+'위치나 장소를 나타내는 말(명사, 명사구)' 두 부분으로 되어 있다고 했다.

또한 의문문은 순서를 바꿔서 be동사를 There 앞에 둔다. 이때 be동사의 형태는 바꾸지 않는다.

Step 2

1. **There is** a hospital on the main street.
2. **There is** a park along the riverbank.
3. **There's** nothing on TV tonight.
4. **There's** a clock on the wall.
5. **There are** many sights to see in Paris.
6. **There are** many pubs in England.
7. **There are** several bookshops down the street.

Step 3

1. **There is** a library on the main street.
2. **There is** a park along the river.
3. **There's** nothing in the newspaper.
4. **There's** a phone on the desk.
5. **There are** many sights to see in Rome.
6. **There are** many visitors in Las Vegas.
7. **There are** several restaurants up the street.

Round 1 ☐	Round 2 ☐	Round 3 ☐	Round 4 ☐	Round 5 ☐	Round 6 ☐
월 일	월 일	월 일	월 일	월 일	월 일

'있다 / 없다' 표현하기

```
There  +  be동사  +  사물이나 사람
```

- 큰길에 병원이 하나 있어요.
- 강둑을 따라 공원이 하나 있어요.
- 오늘 밤엔 TV에 볼 만한 게 없어요.
- 벽에 시계가 있어요.
- 파리에는 구경할 곳이 많이 있어요.
- 영국에는 펍(술집)이 많아요.
- 길을 따라 내려가면 서점이 몇 개 있어요.

- 큰길에 도서관이 하나 있어요.
- 강변에 공원이 하나 있어요.
- 신문에 볼 만한 게 없어요.
- 책상에 전화가 있어요.
- 로마에는 구경할 곳이 많이 있어요.
- 라스베이거스에는 방문객들이 많아요.
- 길을 따라 올라가면 음식점이 몇 개 있어요.

DAY 07 — it이 가리키는 것

Step2 - 13
Step3 - 14

거리나 시간, 날짜, 요일, 날씨, 온도 등 **특성이라고 보기 어려운 개념이나 현상에 대해 말할 때는 it을 주어로** 해서 'It is+주어(설명)'의 형태를 사용한다.

Step 1

It's impossible.(어렵다), It's very hard.(힘들다)처럼 막연한 상태를 묘사할 때 역시 it을 사용한다. 또한 I like it.처럼 두 화자가 서로 알고 있는 것, 문맥 안에서 공유하는 개념을 나타낼 때도 it을 사용한다.

즉, 말할 때 '이것은 구체적으로 말하지 않아도 상대방이 (상황이나 문맥에서) 무엇을 말하는지 알 것'이라고 생각하는 경우에 it을 사용한다.

Step 2

1. What time is it?
2. It's ten minutes past eleven.
3. What day is it?
4. It's Friday.
5. How far is it?
6. It's 2 kilometers from here.
7. It's raining.

Step 3

1. What time is it now?
2. It's twenty minutes past eleven.
3. What day is it today?
4. It's Thursday.
5. How far is it from here?
6. It's 2 miles from here.
7. It's warm and sunny.

Round 1 ☐	Round 2 ☐	Round 3 ☐	Round 4 ☐	Round 5 ☐	Round 6 ☐
월 일	월 일	월 일	월 일	월 일	월 일

it이 가리키는 것

> it = 상황 속에서 공유하고 있는 개념

- ▶ 몇 시죠?
- ▶ 11시 10분이에요.
- ▶ 무슨 요일이죠?
- ▶ 금요일이에요.
- ▶ 얼마나 멀어요?
- ▶ 여기에서 2킬로미터 떨어져 있어요.
- ▶ 비가 오고 있어요.

- ▶ 지금 몇 시죠?
- ▶ 11시 20분이에요.
- ▶ 오늘 무슨 요일이죠?
- ▶ 목요일이에요.
- ▶ 여기에서 얼마나 멀어요?
- ▶ 여기에서 2마일 떨어져 있어요.
- ▶ 따뜻하고 화창해요.

DAY 08 This is와 That is의 구분

Step 1

대상이 말하는 사람에게서 떨어진 곳에 있으면 That을 쓰고, 가까이 있으면 This를 쓴다.
공간적인 거리를 나타낼 뿐만 아니라 시간적, 심리적인 거리를 나타낼 때도 쓴다.
이 This와 That의 구분은 한국어의 '이것(이)', '그것(그)'과 거의 비슷하다. 또한 This와 That은 그 자체로도 주어가 되지만(이것, 그것), 뒤에 명사를 붙여서 this watch(이 시계), that tree(그 나무)처럼 표현할 수도 있다.

Step 2

1. **This is** your bill.
2. **This is** my passport.
3. **This is** just an estimate.
4. **This is** she/he.
5. **That is** my suitcase.
6. **That is** where I work.
7. **That's** not possible.

Step 3

1. **This isn't** your bill.
2. **This is** your receipt.
3. **This is** just a suggestion.
4. **This is** my reservation number.
5. **That isn't** my suitcase.
6. **That is** where my mother works.
7. **That's** possible.

Round 1 ☐	Round 2 ☐	Round 3 ☐	Round 4 ☐	Round 5 ☐	Round 6 ☐
월 일	월 일	월 일	월 일	월 일	월 일

this와 that의 구별

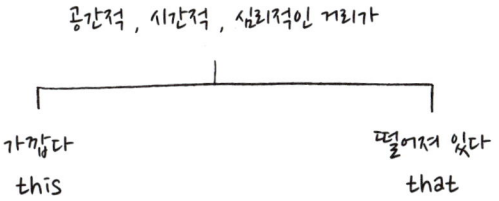

- 이것은 당신 계산서예요.
- 이것은 내 여권이에요.
- 이것은 견적일 뿐이에요.
- 네, 제가 그 사람이에요. <전화상에서>
- 그건 내 여행 가방이에요.
- 거기가 저의 직장이에요.
- 그것은 불가능한 일이에요.

- 이것은 당신 계산서가 아니에요.
- 이것은 당신 영수증이에요.
- 이것은 제안일 뿐이에요.
- 이것은 내 예약 번호예요.
- 그것은 내 여행 가방이 아니에요.
- 거기가 어머니 직장이에요.
- 그것은 가능한 일이에요.

DAY 09   자기 것으로 만드는 have

Step 1

have는 기본적으로 '(뭔가를) 가지다, 가지고 있다'라는 뜻으로 쓰이지만 먹거나 마시는 등 다양한 행위나 경험에도 쓰인다. 또한 구체적인 물체뿐 아니라 추상적인 내용(사고나 감정, 상태 등)에 대해서도 널리 쓰인다.
좁은 의미에서 '소유'를 나타낼 때는 I have got(I've got)~으로 표현할 때도 있다.
나아가 have를 사용한 관용 표현도 기억해두자.
Do you have the time? (몇 시예요?)
Do you have time? (시간 있어요?)
이처럼 the가 있는지 없는지에 따라 뜻이 바뀌기도 한다.

Step 2

1. I **have** a cup of coffee every morning.
2. I **have** breakfast on my way to work.
3. I **have** a conversation with her every day.
4. I **have** a suggestion.
5. **I've got** a headache and a stomachache, too.
6. Do you **have** parcel delivery service?
7. I **don't have** time to study.

Step 3

1. I **have** a glass of milk every morning.
2. I **have** supper on my way home.
3. I **have** a conversation with her once a week.
4. I **have** a request.
5. **I've got** a bad toothache.
6. Do you **have** laundry service?
7. I **don't have** time to practice.

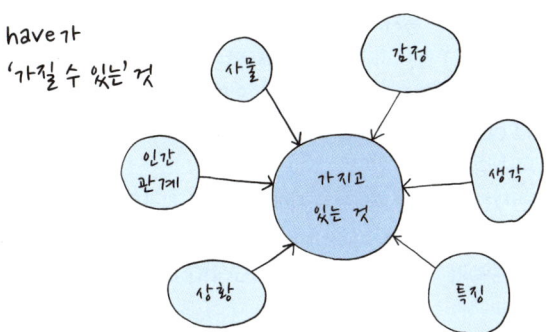

- 나는 매일 아침 커피 한 잔을 마셔요.
- 나는 출근길에 아침을 먹어요.
- 나는 그녀와 매일 얘기해요.
- 제안이 하나 있어요.
- 머리가 아프고 배도 아파요.
- 택배 서비스도 해주시나요?
- 나는 공부할 시간이 없어요.

- 나는 매일 아침 우유 한 잔을 마셔요.
- 나는 퇴근길에 간단한 저녁을 먹어요.
- 나는 그녀와 일주일에 한 번 얘기해요.
- 요청이 하나 있어요.
- 이가 너무 아파요.
- 세탁 서비스도 해주시나요?
- 나는 연습할 시간이 없어요.

DAY 10 현재진행형

Step 1

현재진행형(am/is/are+동사의 현재분사 ['-ing형'])은 **'말하고 있는 지금 하고 있는'** 혹은 **'말하고 있는 지금 아직 끝나지 않은'** 행위나 사건을 나타내는 데 사용한다. 또한 '일시적인 사항, 행위'라는 의미가 강해서 I'm living at home, until I can afford to move out.(이사할 여유가 생길 때까지 지금 집에 살고 있다)처럼 쓰이기도 한다.

다시 말하면 현재진행형을 쓸 때에는 화자에게 '어쨌든 지금은, 현재는'이라는 의식이 있다고 해석할 수 있다. I live at…이 아니라, I'm living at…이라고 하면 상대방은 '계속 거기에 살 마음은 없구나'하고 확대 해석할 수도 있다.

Step 2

1. I **am studying** accounting at night school.
2. I **am getting** along all right.
3. I'**m learning** how to cook on Saturdays.
4. I'**m looking** forward to seeing you.
5. He **is living** in Madrid now.
6. We **are planning** our vacation in France.
7. What **are** you **doing** now?

Step 3

1. I **am studying** business at night school.
2. I **am getting** along okay.
3. I'**m learning** to paint on Saturdays.
4. I'**m looking** forward to meeting you.
5. He **is living** in an apartment now.
6. We **are planning** our vacation in July.
7. What **are** you **studying** now?

Round 1 ☐	Round 2 ☐	Round 3 ☐	Round 4 ☐	Round 5 ☐	Round 6 ☐
월 일	월 일	월 일	월 일	월 일	월 일

현재진행형

시간의 흐름 속 '지금'

'지금' 한순간!

now

- ▶ 나는 야간 학교에서 회계학을 공부하고 있어요.
- ▶ 나는 별일 없이 잘 지내고 있어요.
- ▶ 나는 토요일마다 요리를 배우고 있어요.
- ▶ 나는 당신을 보는 것을 무척 기대하고 있어요.
- ▶ 그는 지금 마드리드에 살고 있어요.
- ▶ 우리는 프랑스에서의 휴가를 계획하고 있어요.
- ▶ 지금 뭐하고 있어요? <말하고 있는 지금 하고 있는 동작을 묻는다>

- ▶ 나는 야간 학교에서 경영학을 공부하고 있어요.
- ▶ 나는 별일 없이 잘 지내고 있어요.
- ▶ 나는 토요일마다 그림을 배우고 있어요.
- ▶ 나는 당신을 만나는 것을 무척 기대하고 있어요.
- ▶ 그는 지금 아파트에 살고 있어요.
- ▶ 우리는 7월 휴가를 계획하고 있어요.
- ▶ 지금 무슨 공부하고 있어요?

DAY 11 평소형·일반형(현재형)과 현재진행형의 차이

Step2 - 21
Step3 - 22

Step 1

현재형은 평소에 일어나는 일이나 일반적으로 언제든지 반복되는 일 등 '당장은 변하지 않는(끝나지 않는) 것'을 나타내는 데 쓰는 '평소형' '일반형'이다.
이에 비해 현재진행형은 말하고 있는 현 시점에서 '이미 시작되었지만 아직 끝나지는 않은 것'을 나타내는 데 쓴다.
"I'm reading *Samgukji*."(나는 《삼국지》를 읽고 있다)
라고 한다고 해서 말하는 그 순간에 반드시 책을 읽고 있어야 할 필요는 없다.
'현재진행형'은 어디까지나 일시적인 행위라는 사실을 나타낸다.

Step 2

① I commute to work by subway.

I am commuting by bicycle when the weather is good.

② Kevin works for a manufacturer.

He is working in Thailand at present.

③ She studies Western art at university.

She is studying Van Gogh's paintings at university.

④ It costs a lot to attend university.

It is costing me a lot to attend university.

Step 3

① She commutes to work by bus.

She is commuting by car.

② I work for a computer manufacturer.

I am working in New Zealand now.

③ He studies medicine at medical school.

He is studying internal medicine now.

평소형·일반형과 현재진행형의 차이

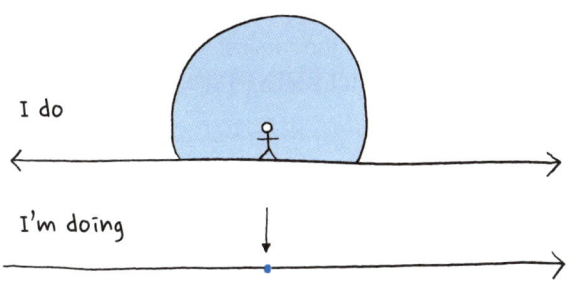

- 나는 지하철로 출퇴근해요.
- 날씨가 좋을 때는 자전거로 출퇴근하고 있어요.
- 케빈은 제조업체에서 일해요.
- 그는 지금 태국에서 일하고 있어요.
- 그녀는 대학에서 서양 미술을 공부해요.
- 그녀는 대학에서 반 고흐 그림을 공부하고 있어요.
- 대학에 다니려면 돈이 많이 들어요.
- 나는 대학에 다니느라 돈이 많이 들고 있어요.

- 그녀는 버스로 출퇴근해요.
- 그녀는 차로 출퇴근하고 있어요.
- 나는 컴퓨터 제조업체에서 일해요.
- 나는 지금 뉴질랜드에서 일하고 있어요.
- 그는 의대에서 의학을 공부해요.
- 그는 지금 내과를 공부하고 있어요.

DAY 12 과거형

Step 1

과거형은 과거의 어느 시점에 일어난 사건이나 행위를 나타낸다. 중요한 것은 '그 사건이나 행위가 현재도 이어지고 있는지 아닌지는 **상관없다**'는 사실이다. 예를 들면 "I worked at the zoo last year."(나는 작년에 그 동물원에서 일했다)라고 했을 때 현재 그 동물원에서 일하고 있든 안 하고 있든 상관없다는 얘기다.

즉, 과거형은 과거의 '**한순간(한 시기)**'에 대해서만 표현하는 것이다. 다시 말하면 과거형을 사용해서 말할 때는 과거에 있는 시간이나 기간('3일전', '1957년' 혹은 '내가 어렸을 때' 등)에 말하는 초점을 둔다.

Step 2

1. I **was** tired last night.
2. I **was** worried about my job.
3. I **passed** the entrance exam!
4. I **grew** up in Singapore.
5. The traffic **was** heavy this morning.
6. You **did** a wonderful job.
7. I **graduated** from university in 2013.

Step 3

1. I **was** hungry this morning.
2. I **was** worried about my father.
3. I **passed** the final exam!
4. They **grew** up in America.
5. The traffic **wasn't** heavy this morning.
6. The kids **did** a wonderful job.
7. I **graduated** from high school in February.

과거형

- 어젯밤에 피곤했어요.
- 일이 걱정됐어요.
- 입학 시험에 합격했어요!
- 나는 싱가포르에서 자랐어요.
- 오늘 아침에는 차가 막혔어요.
- 너무 잘 했어요.
- 나는 2013년에 대학을 졸업했어요.

- 오늘 아침에 배가 고팠어요.
- 아빠가 걱정됐어요.
- 기말고사를 통과했어요!
- 그들은 미국에서 자랐어요.
- 오늘 아침에는 차가 안 막혔어요.
- 아이들이 너무 잘 했어요.
- 2월에 고등학교를 졸업했어요.

DAY 13 과거형 의문문과 used to의 사용법

Step2 - 25
Step3 - 26

과거형 의문문도 현재형과 마찬가지로 어순을 바꾸어서 만든다. be동사의 경우에는 was나 were를, 다른 동사의 경우는 did를 주어 앞에 놓는다.

Was/were + 주어…
Did + 주어…

Step 1
단, did를 사용해서 의문문을 만들 때는 주어 뒤의 동사는 변환하지 않은 형태(원형)로 돌아간다. 이는 부정문에서 didn't를 사용할 때도 마찬가지다.
주어+used to+동사라는 표현을 사용하면 '과거에 했지만(하고 있던) 지금은 하지 않는'이라는 뜻을 내포한다. 이에 따라 과거의 행위와 현재의 '반대' 사실을 동시에 나타낼 수 있다.

Step 2

1. A: **Were** you home last night?   B: Yes, I was.
2. A: **Was** the weather nice in San Francisco?   B: Yes, it was.
3. A: **Did** you stay in Rome?   B: Yes, we did.
4. A: How **was** your flight?   B: It was very comfortable, thank you.
5. I **used to** play golf.
6. We **used to** exchange Christmas cards.
7. Did you **use to** travel for work?

Step 3

1. **Were** you busy last week?
2. **Was** it cold in Paris?
3. **Did** you go to university in Boston?
4. A: How **were** the Broadway shows?   B: They were fantastic.
5. I **used to** practice judo.
6. They **used to** exchange New Year's cards.
7. Did you **use to** travel on business?

Round 1 ☐	Round 2 ☐	Round 3 ☐	Round 4 ☐	Round 5 ☐	Round 6 ☐
월 일	월 일	월 일	월 일	월 일	월 일

과거형과 used to의 구분

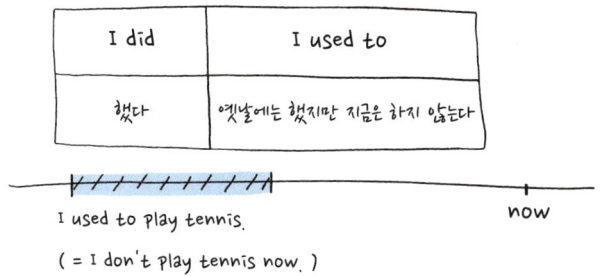

- A: 어젯밤에 집에 있었어요? B: 네, 그랬어요.
- A: 샌프란시스코 날씨는 좋았나요? B: 네, 그랬어요.
- A: 로마에 있었어요? B: 네, 그랬어요.
- A: 비행은 어땠어요? B: 굉장히 편했어요, 감사해요.
- 전에 골프를 쳤어요.
- 전에 우리는 크리스마스 카드를 주고받았어요.
- 전에 출장을 다녔나요?
- 지난주에 바빴어요?
- 파리는 추웠나요?
- 보스턴에 있는 대학에 다녔나요?
- A: 브로드웨이 공연은 어땠어요? B: 환상적이었어요.
- 전에 유도를 했어요.
- 전에 그들은 새해 카드를 주고받았어요.
- 전에 출장을 다녔나요?

DAY 14 과거진행형

Step2 - 27
Step3 - 28

Step 1

과거진행형(was/were+동사의 -ing형)은 '과거의 어느 시점'에서 일어난 즉, '그 시점 이전부터 시작되었지만 아직 끝나지 않았던 행위'를 나타낸다. 따라서 과거진행형을 사용할 때는 반드시 과거의 어느 시점이 전제라는 사실에 주의해야 한다.

예를 들면 영어에서는 '친구에게 전화가 걸려왔을 때 나는 텔레비전을 보고 있었다'를 "When my friend called me, I was watching television."이라고 표현한다. 이럴 때는 "When my friend called me,"가 과거의 어느 시점을 나타낸다.

Step 2

1. I was watching television at 9:30 yesterday.
2. They were sightseeing in London last week.
3. In 2010, I was working in Chicago.
4. On Sunday, I was hiking with my friends.
5. I wasn't planning to work today.
6. It wasn't raining this morning.
7. I was hoping to meet your friends.

Step 3

1. I was sleeping deeply at 9:30 yesterday.
2. He was sightseeing in London last month.
3. In 2010, we were working in Chicago.
4. On Friday, I was drinking with my friends.
5. Our team wasn't planning to participate today.
6. It was snowing this morning.
7. My friends were hoping to meet you.

| Round 1 ☐ | Round 2 ☐ | Round 3 ☐ | Round 4 ☐ | Round 5 ☐ | Round 6 ☐ |
| 월　　일 | 월　　일 | 월　　일 | 월　　일 | 월　　일 | 월　　일 |

과거진행형

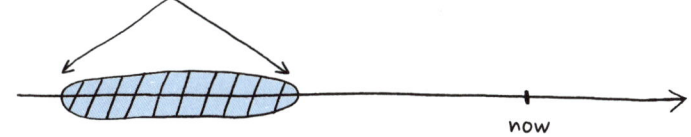

과거의 어느 기간 동안 계속된
행위나 상태의 한가운데

- 어제 9시 30분에 텔레비전을 보고 있었어요.
- 그들은 지난주에 런던에서 관광하고 있었어요.
- 2010년에 나는 시카고에서 일하고 있었어요.
- 일요일에 친구들이랑 등산하고 있었어요.
- 나는 오늘 일할 계획이 없었어요.
- 오늘 아침엔 비가 오고 있지 않았어요.
- 당신 친구들을 만나고 싶었어요.

- 어제 9시 30분에 곤히 자고 있었어요.
- 그는 지난달에 런던에서 관광하고 있었어요.
- 2010년에 우리는 시카고에서 일하고 있었어요.
- 금요일에 친구들이랑 술 마시고 있었어요.
- 우리 팀은 오늘 참가할 계획이 없었어요.
- 오늘 아침엔 눈이 오고 있었어요.
- 내 친구들은 당신을 만나고 싶어 했어요.

이것만은 꼭!

1 '지금부터' 시간과 '그때부터' 시간

Column

'지금부터' 시간

영어에서는 말할 때 시간의 '기준점'을 현재='지금'에 둘 것인지, 현재가 아닌 '어떤 때'에 둘 것인지에 따라 표현 방식이 완전히 달라진다. 이것은 매우 중요한 포인트인데 혼동해서 쓰는 학습자가 많은 것 같다. 이 기회에 명확하게 기억해야 한다.

우선 '현재'를 기준으로 해서 여러 사건이나 행위에 대해 말하는 방법이 있다. 여기에서 말하는 현재라는 것은 '지금, 이때'를 포함하는 것은 물론 '오늘, 이번 주, 이달'에서 '금세기'까지, 시간의 폭은 다양하다.

---

① 현재를 기준점으로 하면 과거에 생긴 일은 '지금으로부터 ~ 전에', 즉 ~ ago로 표현할 수 있다.

② 미래에 생길 일은 '지금부터 ~ 앞으로', 즉 ~ from now로 표현할 수 있다.

우선 이 '지금부터' 시간이라는 흐름이 있다는 사실을 기억하기 바란다.

'지금부터' 시간

- one week from now → 7일 후
- 6 days from now → 6일 후
- 5 days from now → 5일 후
- 4 days from now → 4일 후
- 3 days from now → 3일 후
- 2 days from now (=the day after tomorrow) → 2일 후
- tomorrow → 내일

now —

- yesterday → 어제
- 2 days ago (=the day before yesterday) → 2일 전
- 3 days ago → 3일 전
- 4 days ago → 4일 전
- 5 days ago → 5일 전
- 6 days ago → 6일 전
- one week ago (=7 days ago) → 7일 전

* seconds (초)
  minutes (분)
  hours (시간)
  weeks (주)
  months (개월)
  … 등 다른 시간 단위도 동일

'그때부터' 시간

'지금부터' 시간이 아니라 시간의 기준점을 '지금이 아닌 (과거 혹은 미래의) 어느 때'에 두면 시간의 표현 방식도 완전히 달라진다.

예를 들면 '지금부터' 3일 전은 three days ago라고 하지만, '그때(어느 시점)부터' 3일 전의 경우는 three days before 혹은 three days earlier로 표현한다. 한국어에서는 두 경우 모두 '~전'이라고 표현하지만, 영어에서는 '지금'을 기준으로 할 경우(ago)와 '어느 때'를 기준으로 할 경우(before/earlier)가 다르다.

미래도 마찬가지다.

**'지금'부터 1주일 후는 a week from now이지만
'어느 시점'에서 1주일 후의 경우(='그때부터 1주일 후')는
a week later라고 표현한다.**

'지금부터 시간'은 ago와 from now를 사용하고 '그때부터 시간'은 before/earlier와 after/later를 쓴다는 것을 기억해야 한다.

'그때부터' 시간

that time

- a week after that / a week later → 7일 후 (그때부터)
- 6 days after that / 6 days later → 6일 후
- 5 days after that / 5 days later → 5일 후
- 4 days after that / 4 days later → 4일 후
- 3 days after that / 3 days later → 3일 후
- 2 days after that / 2 days later → 2일 후
- the day after that / a day later → 1일 후
- the day before / a day earlier → (그때부터) 1일 전
- 2 days before / 2 days earlier → 2일 전
- 3 days before / 3 days earlier → 3일 전
- 4 days before / 4 days earlier → 4일 전
- 5 days before / 5 days earlier → 5일 전
- 6 days before / 6 days earlier → 6일 전
- one week before / one week earlier → 7일 전

* '그때'를 기준으로
seconds (초)
minutes (분)
hours (시간)
weeks (주)
months (개월)
…등 다른 시간 단위도 동일

DAY 15 will 지금 결정한 미래

Step2 - 29
Step3 - 30

미래에 뭔가를 하겠다는 의사를 전할 경우('~하자', '~할 생각이다' 등) '언제' 그러한 의사를 가졌느냐에 따라 표현 방식이 달라진다.
전에는 생각하지 않았지만 (혹은 정하지 않았지만), **'(말하고 있는) 지금 결심한'** 경우에는 I will(I'll) ~ 이라는 형태를 쓴다.

Step 1

가령 비가 오는 것을 알고 "자, 택시로 갑시다."라고 결정할 때 등이다. 또한 이 I'll ~은 무언가를 제안하거나(I'll help you. 뭔가 도와드릴까요?), 약속하거나 할 때(I'll be back before lunch. 점심 전에는 돌아올게요.)에도 자주 쓰인다.

Step 2

1. It's raining, so I'll take a taxi.
2. I'll send you an email later today.
3. I'll take care of it right away.
4. I'll be right there.
5. I won't see you until Sunday.
6. It's cold. I'll shut the window.
7. I'll have hot coffee, please.

Step 3

1. It's not raining, so I'll walk.
2. I'll send you a package later today.
3. John will take care of it right away.
4. I'll be right here.
5. She won't return until Sunday.
6. It's hot. I'll open the window.
7. I'll have a hamburger, please.

will 지금 결정한 미래

- 비가 오니, 택시를 탈게요.
- 오늘 이따가 이메일 하나를 보낼게요.
- 바로 그 일을 처리할게요. <비즈니스>
- 바로 거기에 있을게요. <전화상에서>
- 일요일까지는 뵙지 못할 거예요.
- 너무 춥네요. 창문을 닫을게요.
- 따뜻한 커피로 주세요.

- 비가 안 오니, 걸어갈게요.
- 오늘 이따가 소포를 하나 보낼게요.
- 존이 그 일을 바로 처리할 거예요. <비즈니스>
- 바로 여기에 있을게요. <비즈니스>
- 그녀는 일요일까지는 안 돌아올 거예요.
- 너무 덥네요. 창문을 열게요.
- 햄버거로 주세요.

DAY 16
be going to
이미 정해져 있던 미래

Step2 - 31
Step3 - 32

Step 1

앞에서 말한 '지금 결정한 미래' will과 달리, 같은 미래를 표현하지만 **'(말하기 전부터) 이미 그 의사를 결정했을'** 경우 I'm going to ~ 형태나 현재 진행형 (I'm -ing)을 쓴다.

오늘은 비가 올 것 같아서 '택시로 갈 생각입니다(예정입니다)'라고 말할 때가 이에 해당한다. 또한 "이번 여름방학 때 어디 갑니까?"하고 물을 때는 상대의 예정을 묻는 것이므로

"Where are you going during summer vacation?"
이라고 말한다.

Step 2

1. **I'm going to** have lunch with Jason.
2. **I'm going to** study abroad next year.
3. **They're going to** have a party.
4. **We're not going to** work tomorrow.
5. **Are** you **going to** attend the conference?
6. Our train **is going to** leave at 11:30.
7. Everything**'s going to** be fine.

Step 3

1. **We're going to** have dinner with Jason.
2. **He's going to** study abroad for a year.
3. **They're going to** buy a new car.
4. **She's not going to** depart tomorrow.
5. **Are** you **going to** attend the concert?
6. Our plane **is going to** leave at 10:30.
7. Everything**'s going to** work out.

be going to 이미 정해져 있던 미래

- 제이슨이랑 점심을 먹을 거예요.
- 나는 내년에 해외에서 공부할 예정이에요.
- 그들은 파티를 열 거예요.
- 우리는 내일 일하지 않을 거예요.
- 회의에 참석하실 거예요?
- 우리 기차는 11시 30분에 출발할 예정이에요.
- 모든 일이 잘 풀릴 거예요.

- 우리는 제이슨이랑 저녁을 먹을 거예요.
- 그는 1년 동안 해외에서 공부할 예정이에요.
- 그들은 새 차를 살 거예요.
- 그녀는 내일 출발하지 않을 거예요.
- 콘서트에 가실 거예요?
- 우리 비행기는 10시 30분에 출발할 예정이에요.
- 모든 일이 잘 풀릴 거예요.

DAY 17 will과 be going to의 구분

Step2 - 33
Step3 - 34

Step 1

다시 한 번 will('ll)과 be going to의 사용법에 대해 정리해보자. will은 말하기 전에는 미래에 대한 의사를 결정하지 않았지만 말하고 있는 지금 그것을 결정했을 때 쓴다. **'지금 결정한 will'** 이라고 기억해두자.

반면 (be) going to나 현재진행형은 말하기 전부터 의사를 결정했을 때 쓴다. 그러므로 **'예정의 be going to'** 로 기억하자.

이처럼 차이가 명확하므로 가령 "Are you going abroad?"(해외에 나갈 예정인가요?)라는 말을 들었을 때 "Yes, I will go next month."(네, 다음 달에 가겠습니다.)라고 대답하면 이상한 대화가 된다.

Step 2

1. A: I need some help with these boxes.   B: I'll help you.
2. A: I'm going to go for a walk.   B: I'll go with you.
3. A: Do you have any plans for tomorrow?   B: I'm going hiking in the mountains.
4. A: Will you be here tomorrow?   B: No, I'm going to travel on business.
5. A: What is the weather forecast for tomorrow?   B: It's going to snow.
6. It's going to be sunny and warm.
7. It's not going to rain.

Step 3

1. I'll help you pack those boxes.
2. I'll go with you to the shop.
3. I'm going shopping in the afternoon.
4. No, I'm going to attend a seminar.
5. A: What is the weather forecast for tomorrow?   B: It's going to rain.
6. It's going to be cloudy and cold.
7. It's not going to snow.

- A: 이 상자들 때문에 도움이 좀 필요해요. B: 내가 도와줄게요.
- A: 산책 좀 하고 올게요. B: 같이 갈게요.
- A: 내일 혹시 계획 있으세요? B: 등산을 갈 거예요.
- A: 내일 여기 있으실 거예요? B: 아니요, 내일은 출장을 갈 거예요.
- A: 내일 일기예보는 어떤가요? B: 눈이 올 예정이에요.
- 화창하고 따뜻할 거예요.
- 비는 안 올 거예요.
- 상자 포장하는 일을 도와줄게요.
- 그 가게에 같이 갈게요.
- 오후에 쇼핑하러 갈 거예요.
- 아니요, 세미나에 갈 거예요.
- A: 내일 일기예보는 어떤가요? B: 비가 올 예정이에요.
- 흐리고 추울 거예요.
- 눈은 안 올 거예요.

DAY 18 조동사 ① 부탁할 때 쓰는 can과 could

Step 1

조동사 can은 기본적으로 '능력(~할 수 있다)'이나 가능성·허가(~있을 수 있다, ~해도 된다)와 같은 뜻을 동사에 부여하기 위해 쓴다.

이 밖에도 남에게 뭔가 부탁할 때 쓰는 Will you~?라는 의문문 대신 Can you~?나 Could you~?를 쓰면 정중한 표현이 된다. 더 나아가 can보다 could를 쓰는 편이 좀 더 부드러운 인상을 준다.

could는 '만일 가능하다면~(해주실 수 있겠습니까?)'라는 뜻이 더해짐으로써 부탁 받는 사람이 부담 갖지 않게 배려할 수 있다.

Step 2

1. I can help you do that.
2. Can I help you?
3. Could you help me?
4. Could you hold for a moment, please?
5. Could I have your name again, please?
6. Could you take a message?
7. Could I have your name?

Step 3

1. We can help you do that.
2. Can we help you?
3. Could you help us?
4. Could you wait for a moment, please?
5. Could I have your company name, please?
6. Could you pass on a message?
7. Could I have your address, please?

Round 1 ☐	Round 2 ☐	Round 3 ☐	Round 4 ☐	Round 5 ☐	Round 6 ☐
월 일	월 일	월 일	월 일	월 일	월 일

조동사의 정중함 차이

	의사를 묻는다	가능성을 묻는다
직접적인 표현	will	can
완곡한 표현 ↓	would	could
	직접적	간접적

- 도와드리겠습니다.

- 도와드릴까요?

- 도와주시겠어요?

- 잠시 기다려 주시겠어요? <전화상에서>

- 성함을 다시 알려 주시겠어요? <전화상에서 / 접수대에서>

- 메시지를 받아 적어 주시겠어요? <비즈니스>

- 성함을 알려 주시겠어요? <비즈니스>

- 우리가 도와드리겠습니다.

- 우리가 도와드릴까요?

- 우리를 도와주시겠어요?

- 잠시 기다려 주시겠어요? <비즈니스>

- 회사명을 알려 주시겠어요? <전화상에서 / 접수대에서>

- 메시지를 전달해 주시겠어요? <비즈니스>

- 주소를 알려 주시겠어요? <비즈니스>

DAY 19 조동사 ② may와 might

Step2 - 37
Step3 - 38

Step 1

may와 might는 '가능성'을 나타내고 '~지도 모른다'는 뜻을 더하지만 가능성이 별로 없을 때 쓴다. 오히려 '그 가능성을 부인할 수 없을' 정도의 가능성을 표현한다. might는 may보다도 더 약한 가능성을 나타내지만 may와 might의 구분은 사람마다 상당히 다르다.

또한 남에게 허가를 요청할 때 May I…?라는 형태로 may가 쓰인다. 이럴 때도 앞에서 살펴본 will/would, can/could와 마찬가지로 might를 써서 Might I…?라고 말하면 "~해도 괜찮을까요?"라는 정중한 표현이 된다.

Step 2

1. I **may** go shopping on Friday.
2. **May** I ask a question?
3. **May** I use your restroom?
4. **May** I have your signature here, please?
5. I **might** start learning how to cook.
6. I **might** contact him tomorrow.
7. It **might** rain this afternoon.

Step 3

1. He **may** go swimming on Friday.
2. **May** we ask some questions?
3. **May** I borrow an umbrella?
4. **May** I have your address, please?
5. I **might** start learning to drive.
6. He **might** contact me tomorrow.
7. It **might** clear up this afternoon.

Round 1 ☐	Round 2 ☐	Round 3 ☐	Round 4 ☐	Round 5 ☐	Round 6 ☐
월 일	월 일	월 일	월 일	월 일	월 일

may와 might

> may 보다 might 쪽이 조금 더 정중하다

- 금요일에 쇼핑하러 갈지도 몰라요.
- 질문 하나만 해도 될까요?
- 화장실을 써도 될까요?
- 여기에 서명해 주시겠어요?
- 요리를 배우기 시작할지도 몰라요.
- 내일 그에게 연락할지도 몰라요.
- 오늘 오후에 비가 올지도 몰라요.

- 그는 금요일에 수영하러 갈지도 몰라요.
- 저희가 몇 가지 질문을 해도 될까요?
- 우산을 빌려도 될까요?
- 주소를 알려 주시겠어요?
- 운전을 배우기 시작할지도 몰라요.
- 내일 그가 나에게 연락할지도 몰라요.
- 오늘 오후에 날이 갤지도 몰라요.

DAY 20 조동사 ③ should와 must

Step 1

should는 **'~하는 편이 좋다'**, **'~하는 편이 옳다'**라는 뜻이다. 흔히 '~해야 한다'라고 해석하지만, 사실 그렇게 강한 뜻은 없다. 오히려 남에게 뭔가 충고를 하거나 규칙에 관해 알려줄 때 쓰이는 조동사다.

반면 must는 **'~해야 한다'**라는 뜻으로 강한 의무를 나타낸다.

다만, 대화에서 must를 사용하면 매우 공식적이고 격식을 차린 인상을 준다. 또한 You had better…라는 표현은 명령에 가까운 강한 표현이므로 일상적인 조언을 할 때에는 피하는 게 좋다.

Step 2

1. You should go and see the exhibit.
2. You should have an annual medical check-up.
3. I should visit my parents more often.
4. We shouldn't spend too much money.
5. I must find a cheaper apartment.
6. You must try the new Italian restaurant.
7. All cars must have a parking permit.

Step 3

1. You should go and eat lunch.
2. You should take a day off.
3. She should visit her parents more often.
4. I shouldn't spend so much money.
5. I must stop eating so much.
6. You must try the new Indian restaurant.
7. All visitors must have a ticket.

should와 must

```
should는 '충고나 알림'
must는 '~ 해야 한다'
```

- 그 전시회를 보러 가세요.
- 매년 건강검진을 받으세요.
- 부모님을 더 자주 뵈어야겠어요.
- 우린 돈을 너무 많이 쓰면 안 돼요.
- 더 저렴한 아파트를 구해야 해요.
- 새로 생긴 이탈리안 레스토랑에 가보셔야 해요. [강한 추천]
- 모든 차는 반드시 주차 허가를 받아야 합니다. [공식 요청]
- 점심 드시러 가세요.
- 하루 쉬세요.
- 그녀는 부모님을 더 자주 뵈어야 되겠어요.
- 나는 돈을 너무 많이 쓰면 안 돼요.
- 그만 많이 먹어야 해요.
- 새로 생긴 인도식 레스토랑에 가보셔야 해요.
- 모든 방문객은 입장권이 있어야 합니다.

DAY 21 조동사 ④ 편리한 would

Step 1

would는 매우 편리한 조동사로 (1) 정중히 도움을 요청할 때, (2) 정중히 부탁할 때 등 다양한 상황에서 쓰인다.

또한 Would you like to…?의 형태로 상대방의 의향을 물을 때 사용하지만, 나아가 상대방을 초대할 때도 쓴다. 아래 예문에 있는 것처럼 'Would you like to eat lunch together?'는 '함께 점심을 먹는 것'에 대한 상대방의 의향을 묻는 것인데, 표현상 '점심 같이 드시겠어요?'라고 조심스럽게 묻는 것이다. 이처럼 표면적으로 상대의 기분을 살피는 형태를 취해, 상대가 거절할 때도 별로 부담을 느끼지 않게 한다.

Step 2

1. Would you like a cup of coffee?
2. Would you like to eat lunch together?
3. Would you help me move this furniture?
4. Would you care to leave a message?
5. Would you please contact Mr. Davies?
6. I would like some information, please.
7. I'd like to have the "daily special."

Step 3

1. Would you like something to drink?
2. Would you like to eat dinner together?
3. Would you help me move this desk?
4. Would you like to leave a message?
5. Would you please connect me to James?
6. I'd like some information about flights, please.
7. I'd like to have the "lunch special."

Round 1 ☐	Round 2 ☐	Round 3 ☐	Round 4 ☐	Round 5 ☐	Round 6 ☐
월 일	월 일	월 일	월 일	월 일	월 일

편리한 would

> would는 정중하게
> 신청할 때, 물어볼 때, 부탁할 때
> 사용할 수 있다

- 커피 한 잔 하실래요?
- 점심 같이 드시겠어요?
- 이 가구 옮기는 걸 도와주시겠어요?
- 메시지를 남기시겠어요? <전화상에서>
- 데이비스 씨에게 연락하시겠어요?
- 정보를 좀 얻고 싶습니다.
- "오늘의 특선메뉴"로 할게요.

- 마실 것 좀 드릴까요?
- 저녁 같이 드시겠어요?
- 이 책상 옮기는 걸 도와주시겠어요?
- 메시지를 남기시겠어요? <전화상에서>
- 제임스에게 연결해 주시겠어요?
- 항공편 정보를 좀 얻고 싶습니다.
- "점심 특선메뉴"로 할게요.

DAY 22 조동사 ⑤ 정중한 shall

Step2 - 43
Step3 - 44

will은 미래의 일에 대한 예측이나 의사를 나타낼 때도 쓰이지만, **shall은 오로지 타인에 대한 제의나 태도를 온화하게 전달하고 싶을 때 쓰인다.** "(내가) ~할까요?", "(우리는) 이렇게 하면 어떨까요?", 또는 "~에 대해 어떻게 할까요?"라고 묻는 표현이다.

Step 1

이 용법에서 주어는 I와 we로 제한된다. 제의나 제안은 경우에 따라 압력을 가하는 것처럼 들릴 수도 있지만 이 Shall I~? Shall we~?의 표현을 사용하면 그럴 우려는 없다.

의뢰, 허가, 조언, 제안 등은 다양한 표현이 있지만 조동사에 따라서도 정중함의 정도가 달라진다는 사실에 주의해야 한다.

Step 2

❶ **Shall** I open the window?

❷ **Shall** I help you make lunch?

❸ **Shall** we go for a walk?

❹ A: Where **shall** we eat dinner? B: How about the Chinese place?

❺ A: What time **shall** we meet?   B: How about 7:30?

❻ Who **shall** we invite to our party?

❼ How **shall** we travel to Europe?

Step 3

❶ **Shall** I close the door?

❷ **Shall** I help you prepare dinner?

❸ **Shall** we go for a hike?

❹ Where **shall** we eat breakfast?

❺ What day **shall** we meet?

❻ Who **shall** I invite to the party?

❼ How **shall** we go to the museum?

Round 1 ☐	Round 2 ☐	Round 3 ☐	Round 4 ☐	Round 5 ☐	Round 6 ☐
월 일	월 일	월 일	월 일	월 일	월 일

정중한 Shall

> 정중한 제안을 할 때는
> Shall I…? Shall we…?
> 를 사용한다

- 창문을 열까요?
- 점심 만드는 걸 도와줄까요?
- 우리 산책하러 갈래요?
- A: 어디에서 저녁을 먹을까요? B: 그 중식당 어때요?
- A: 몇 시에 만날까요? B: 7시 30분 어때요?
- 우리 파티에 누구를 초대할까요?
- 유럽으로 어떻게 이동할까요?

- 문을 닫을까요?
- 저녁 준비하는 걸 도와줄까요?
- 우리 등산하러 갈래요?
- 어디에서 아침을 먹을까요?
- 무슨 요일에 만날까요?
- 파티에 누구를 초대할까요?
- 박물관으로 어떻게 이동할까요?

DAY 23 What으로 시작하는 의문문

What으로 시작하는 의문문은 두 종류가 있다.
"What is your hobby?"(당신의 취미는 무엇입니까?)처럼 What만 사용한 경우에는 **'무엇이?' '무엇을?'** 이라는 뜻이 된다. 이 경우에 What은 단독으로 명사와 같은 역할을 한다.

Step 1
다른 한 가지는 "What time is it now?"(지금 몇 시입니까?)나 "What color do you like best?"(당신이 제일 좋아하는 색은 무엇입니까?)처럼 What 뒤에 명사를 붙여 내용을 묻는 경우다. 뒤에 붙는 명사에 따라 **'몇 (시)?', '무슨 (색)?'** 등 다양한 의문문을 만들 수 있다.

Step 2

1. **What size** is this blouse?
2. **What kinds of** jobs are available?
3. **What time** is it now?
4. **What time** is your appointment?
5. **What** do you suggest?
6. **What** do you recommend?
7. **What** do you think?

Step 3

1. **What size** is this pair of jeans?
2. **What kinds of** rooms are available?
3. **What time** does the meeting start?
4. **What time** is your reservation?
5. **What** do you suggest for lunch?
6. **What** do you recommend today?
7. **What** do you think we should do?

Round 1 ☐	Round 2 ☐	Round 3 ☐	Round 4 ☐	Round 5 ☐	Round 6 ☐
월 일	월 일	월 일	월 일	월 일	월 일

what 의문문

> what만 사용한 의문문은 '무엇?'
>
> what + 명사는 '몇(시), 무슨(색)?'
> (time, color 등)

- 이 블라우스는 사이즈가 어떻게 되나요?

- 어떤 종류의 일이 있나요?

- 지금 몇 시예요?

- 약속이 몇 시예요? <비즈니스>

- 어떤 걸 추천하시나요?

- 어떤 걸 추천하시나요?

- (이것에 대해) 어떻게 생각하세요?

- 이 바지는 사이즈가 어떻게 되나요?

- 어떤 방들이 남아 있나요?

- 그 회의는 몇 시에 시작해요?

- 예약이 몇 시예요?

- 점심으로 어떤 걸 추천하시나요? <웨이터나 친구에게>

- 오늘 어떤 걸 추천하시나요? <웨이터에게>

- 우리가 무엇을 해야 한다고 생각하세요?

DAY 24 Why로 시작하는 의문문

Step2 - 47
Step3 - 48

Step 1

Why로 시작하는 의문문에는 두 종류가 있다.
하나는 일반적으로 '**왜?**'라는 이유를 묻는 의문문이다. "Why do you like eating kimchi?"(왜 김치를 즐겨 먹습니까?)처럼 Why 뒤에는 일반적인 의문문이 온다. be동사 의문문일 때도 마찬가지다.
다른 하나는 '**~하면 어때요**'라고 권할 때 쓰는 표현이다. "Why don't you eat kimchi?"(김치를 먹으면 어때요?)에서처럼 Why don't you~?로 시작하는 형태와 "Why not eat kimchi?"(김치를 먹지 않겠어요?)와 같이 Why not+동사(원형)~?으로 표현하는 형태가 있다.

Step 2

1. **Why** is Jenny moving to Atlanta?
2. **Why** isn't the train on time?
3. **Why** are you late today?
4. **Why** aren't you going on Saturday?
5. **Why** do you want to visit London?
6. **Why don't you** change jobs?
7. **Why not** call and make a reservation?

Step 3

1. **Why** is Karen coming to Scotland?
2. **Why** isn't Maria here yet?
3. **Why** are you always working late?
4. **Why** aren't stores open on Saturday?
5. **Why** do they want to visit Edinburgh?
6. **Why doesn't your sister** change jobs?
7. **Why not** catch a taxi?

Round 1 ☐	Round 2 ☐	Round 3 ☐	Round 4 ☐	Round 5 ☐	Round 6 ☐
월 일	월 일	월 일	월 일	월 일	월 일

why 의문문

'왜?'를 묻는다	why + be동사 + 주어 …? why + do + 주어 + 동사 …?
'~하면 어때요' 라고 권한다	why + don't you …? why + not + 동사 …?

- 왜 제니는 애틀랜타로 이사 가나요?

- 왜 기차가 제때 오지 않죠?

- 오늘 왜 늦었나요?

- 왜 토요일에 안 가세요?

- 왜 런던에 방문하고 싶으세요?

- 이직하는 게 어때요? <권유>

- 전화해서 예약하는 게 어때요? <권유>

- 왜 캐런은 스코틀랜드에 오나요?

- 왜 마리아는 아직도 여기에 없나요?

- 왜 항상 늦게까지 일하세요?

- 왜 가게들은 토요일에 안 여나요?

- 왜 그들은 에든버러를 방문하고 싶어 하죠?

- 당신의 여동생은 이직하는 게 어때요?

- 택시를 잡는 게 어때요?

DAY 25 Which로 시작하는 의문문

Step2 - 49
Step3 - 50

Which는 대상이 어느 정도 한정되어 있는 가운데서 '선택'을 물을 때 쓴다. 뒤에 명사가 붙으면 '어느 (팀, 책, 사람)입니까'라는 형태로, What과 마찬가지로 묻고 있는 내용을 나타낼 수 있다.

Step 1
어느 팀인지 선택지가 분명하면 "Which team do you support, Manchester United or Arsenal?"(당신이 응원하는 팀이 맨체스터 유나이티드입니까, 아스날입니까?)과 같이 Which를 사용하지만, 일반적으로 물을 때는 "What team do you support?"와 같이 What을 쓴다. 선택지가 분명한지 아닌지는 대화의 흐름(문맥)으로 판단하기 바란다.

Step 2

1. **Which university** did you graduate from?
2. **Which hotel** offers the best prices?
3. **Which stores** have the best selections?
4. **Which manufacturer** makes the best cameras?
5. **Which countries** require visas?
6. **Which tour** do you prefer to take?
7. **Which day** works for you?

Step 3

1. **Which high school** did he graduate from?
2. **Which shops** have the lowest prices?
3. **Which department stores** have the best selections?
4. **Which manufacturer** makes the best equipment?
5. **Which countries** have you visited?
6. **Which flight** do you prefer to take?
7. **Which meeting place** works for you?

Round 1 ☐	Round 2 ☐	Round 3 ☐	Round 4 ☐	Round 5 ☐	Round 6 ☐
월 일	월 일	월 일	월 일	월 일	월 일

which 의문문

> which는 구체적인 선택지가 있을 때
> '어떤 ~?' '어느 것?'을 묻는다

- 어느 대학교를 나왔나요?
- 어느 호텔이 가장 저렴해요?
- 어느 가게에 가장 좋은 제품들이 있나요?
- 어느 제조사가 가장 좋은 카메라를 만드나요?
- 어느 나라에서 비자가 필요하나요?
- 어떤 투어로 가고 싶으세요?
- 무슨 요일이 편하시나요?

- 그는 어느 고등학교를 나왔나요?
- 어느 가게가 가장 저렴해요?
- 어느 백화점에 가장 좋은 제품들이 있나요?
- 어느 제조사가 가장 좋은 장비를 만드나요?
- 어느 나라에 방문하셨나요?
- 어느 항공편으로 가고 싶으세요?
- 어디가 만나기 편하시나요?

DAY 26 When이나 Where로 시작하는 의문문

Step2 - 51
Step3 - 52

Step 1

What이나 Which와는 달리 '언제'를 묻는 When이나 '어디(에서, 로)'를 묻는 Where는 보통 뒤에 아무것도 붙지 않고 단독으로 사용한다.

"당신은 어느 동네에 살고 있습니까?"라고 물을 때는 "What town do you live in?"과 같이 맨 끝에 '~에'를 나타내는 in을 붙여야 하지만 (맨 앞에 in을 붙여서 In what town do you live?라고 해도 된다), "당신은 어디에 살고 있습니까?"라고 물을때는 Where do you live?에 in을 붙이지 않는다. Where에 in과 같은 장소를 나타내는 전치사의 역할이 포함되어 있기 때문이다. When도 마찬가지다.

there(거기에)나 now(지금 이때에)와 같이 부사와 같은 역할을 하기 때문에 Where나 When은 의문부사라고 부른다.

Step 2

1. **When** is a good time for you?
2. **When** is a possible meeting time?
3. **When** would be a convenient time?
4. **Where** do you live?
5. **Where** do you come from?
6. **Where** would you like to meet?
7. **Where** does this bus go?

Step 3

1. **When** is a good time for them?
2. **When** is a possible train time?
3. **When** would be convenient for you?
4. **Where** do your parents live?
5. **Where** does your family come from?
6. **Where** would you like to stay?
7. **Where** does this subway line go?

Round 1 ☐	Round 2 ☐	Round 3 ☐	Round 4 ☐	Round 5 ☐	Round 6 ☐
월 일	월 일	월 일	월 일	월 일	월 일

when, where 의문문

> when, where 의문문에서
> at(시간, 장소), in(시간, 장소) 등
> 전치사는 사용하지 않는다

- 언제가 좋을까요?

- 언제 만날 수 있을까요?

- 언제가 편리한 시간인가요?

- 어디에 사시나요?

- 어디 출신이에요? <현재 시제에 주의>

- 어디에서 만나고 싶으세요?

- 이 버스는 어디로 가나요?

- 그들에게 언제가 좋을까요?

- 언제 기차를 탈 수 있을까요?

- 언제가 편하신가요?

- 부모님이 어디에 사시나요?

- 당신의 가족은 어디 출신이에요?

- 어디에서 지내고 싶으세요?

- 이 지하철 노선은 어디로 가나요?

DAY 27 How로 시작하는 의문문

Step2 - 53
Step3 - 54

Step 1

How는 '**얼마나**' '**어떻게**'라는 뜻이다. 단독으로 쓰일 때도 있지만 뒤에 far, many, often, heavy 등 거리나 수량, 빈도 등을 묻는 형용사나 부사와 함께 '**얼마나 먼가, 많은가, 빈번한가, 무거운가**'라는 뜻의 의문문을 만들기도 한다. 또한 important, strong, badly 등 일반적인 형용사나 부사를 붙이면 '얼마나 중요한가, 강한가, 심하게 (예: 다쳤는가)'처럼 그 '정도'를 물을 수 있다. 또 한 가지 사용법은 How about~으로 뒤에 명사(동명사)를 붙여서 **제의(~는 어떠세요?)나 제안(~는 어떤가요?)**을 나타내는 것이다.

Step 2

① **How** was your vacation?

② **How far** is Quebec from Vancouver?

③ **How often** do you eat out?

④ **How much** do tickets cost?

⑤ **How long** is the concert?

⑥ **How about** Tuesday afternoon?

⑦ **How about** some more beer?

Step 3

① **How** was your trip to Hong Kong?

② **How far** is Las Vegas from San Diego?

③ **How often** do you eat at home?

④ **How much** does milk cost?

⑤ **How long** does it take to get to Seoul?

⑥ **How about** Thursday morning?

⑦ **How about** another glass of beer?

Round 1 ☐	Round 2 ☐	Round 3 ☐	Round 4 ☐	Round 5 ☐	Round 6 ☐
월 일	월 일	월 일	월 일	월 일	월 일

How 의문문

```
How + 형용사 + …?  ┐  어느 정도?
How + 부사 + …?    ┘  얼마나?

How about + 명사 (동명사) …?
 → 제의 (~는 어떠세요?)나 제안 (~는 어떤가요?)
```

- 휴가는 어땠어요?
- 밴쿠버에서 퀘벡까지는 얼마나 멀어요?
- 얼마나 자주 밖에서 드세요?
- 티켓은 얼마인가요?
- 콘서트는 얼마나 오래 하나요?
- 화요일 오후는 어떠세요?
- 맥주 조금만 더 하는 거 어때요?
- 홍콩 여행은 어땠어요?
- 샌디에고에서 라스베이거스까지는 얼마나 멀어요?
- 얼마나 자주 집에서 드세요?
- 우유는 얼마인가요?
- 서울에 가려면 얼마나 오래 걸리나요?
- 목요일 아침은 어때요?
- 맥주 한 잔 더 하는 거 어때요?

DAY 28   Let's를 사용한 제안

Step2 - 55
Step3 - 56

영어에는 제안을 할 때 쓰는 표현이 여러 가지 있지만 Let's(Let us의 단축형)를 써서 제안할 수도 있다. **Let's 뒤에는 동사원형**(현재형의 1인칭)이 이어진다. -ing형은 사용할 수 없다.

Step 1

Let's 뒤에 동사원형을 넣지 않고 -ing형을 넣는 사람이 많은데 이는 잘못이다. Let's 뒤에는 반드시 원형이 이어진다는 사실을 명심하자. "Let's go shopping."(쇼핑 가자), "Let's go fishing."(낚시 가자), "Let's practice Taekwondo."(태권도 연습을 하자), "Let's play tennis."(테니스를 하자) 등으로 표현한다. 제안을 하거나 아이디어를 낸다는 점에서 전에 배운 Shall we ~?와 거의 비슷한 역할을 한다.

Step 2

1. **Let's go** hiking.
2. **Let's go** sightseeing tomorrow morning.
3. **Let's practice** our presentation.
4. **Let's catch** the early bus.
5. **Let's wait** and see.
6. **Let's not take** lots of luggage.
7. **Let's not talk** shop.

Step 3

1. **Let's go** fishing this weekend.
2. **Let's go** shopping at the mall today.
3. **Let's practice** for the speech contest.
4. **Let's catch** a taxi.
5. **Let's wait** and see how things go.
6. **Let's not take** our laptops.
7. **Let's not waste** time talking.

Round 1 ☐	Round 2 ☐	Round 3 ☐	Round 4 ☐	Round 5 ☐	Round 6 ☐
월 일	월 일	월 일	월 일	월 일	월 일

Let's를 사용한 제안

```
Let's  +  동사원형  + ....
→ ~하자!
```

- 등산하러 갑시다.
- 내일 아침에 구경하러 갑시다.
- 발표 연습을 합시다.
- 이른(일찍 있는) 버스를 잡읍시다.
- 기다려 봅시다.
- 짐을 많이 가져가지 맙시다.
- 일 얘기는 하지 맙시다. <비즈니스>
- 이번 주말에 낚시하러 갑시다.
- 오늘 쇼핑몰에 쇼핑하러 갑시다.
- 말하기 대회 연습을 합시다.
- 택시를 탑시다.
- 어떻게 되는지 기다려 봅시다.
- 노트북은 가져가지 맙시다.
- 이야기하면서 시간 낭비하지 맙시다.

DAY 29 수동형 표현(수동태)

동작이나 행위는 그것을 '한 쪽'(동작의 주체) 입장에서뿐만 아니라, 그 동작이나 행위를 '당한 쪽'에서 표현할 수도 있다. 수동형 표현(수동태)은 '당한 쪽'의 입장에서 표현한 것이다.

Step 1

행위를 '한 쪽'에서 표현할 때, 그 화자의 관심은 '누가' 그것을 한 것인가에 있다. 이에 반해 수동형 표현의 관심은 그 행위를 '당한 쪽'에 있다.

예를 들면 "This school was built in 1882."(이 학교는 1882년에 지어졌다)라고 할 때 관심은 '이 학교'가 '언제' 지어졌는지에 있다. "Someone built this school in 1882."(누군가가 이 학교를 1882년에 지었다)라고도 표현할 수 있지만 약간 이상한 표현이다.

Step 2

1. Where were you born?
2. When were you born?
3. I was born in Los Angeles.
4. This play was written by William Shakespeare.
5. This sweater was made in Peru.
6. The house was damaged by a hurricane.
7. The streets are cleaned every night.

Step 3

1. Where were the boys born?
2. When was she born?
3. She was born in 1983.
4. This song was written by Sting.
5. This scarf was made in Italy.
6. His office was damaged by a typhoon.
7. The offices are cleaned every night.

Round 1 ☐	Round 2 ☐	Round 3 ☐	Round 4 ☐	Round 5 ☐	Round 6 ☐
월 일	월 일	월 일	월 일	월 일	월 일

수동형 표현

```
주어  +  be동사  +  과거분사 ....
            (과거형도 포함한다)
```

- 어디 출신인가요?

- 몇 년생인가요?

- 저는 로스앤젤레스 출신이에요. <I am born이라고 하지 않는다>

- 이 희극은 윌리엄 셰익스피어가 썼습니다.

- 이건 페루산 스웨터예요.

- 그 집은 허리케인 때문에 피해를 입었어요.

- 이 거리들은 매일 밤 청소돼요.

- 그 남자 아이들은 어디 출신인가요?

- 그녀는 몇 년생인가요?

- 그녀는 1983년생이에요.

- 이 곡은 스팅이 작곡했습니다.

- 이 스카프는 이탈리아산이에요.

- 그의 사무실은 태풍 때문에 피해를 입었어요.

- 그 사무실들은 매일 밤 청소돼요.

DAY 30 get의 용법

Step2 - 59
Step3 - 60

Step 1

동사 get에는 많은 뜻이 있다. 자주 쓰는 뜻으로는 **(1)** '사다' '받다', **(2)** '(버스나 기차, 비행기 등) 교통기관을 이용하다(타다)'가 있다.

또한 get 뒤에 상태를 나타내는 말, 즉 형용사 등을 붙이면 **(3)** '(그 상태가) 되다'라는 뜻이 된다. get married(결혼한 상태가 되다→결혼하다), get dressed(옷을 입은 상태가 되다→옷을 입다), get lost(길을 잃은 상태가 되다→길을 잃다), get tired(피곤한 상태가 되다→피곤하다) 등 넓고 다양한 뜻을 get을 사용해서 나타낼 수 있다. 또한 get을 위치나 방향을 나타내는 전치사나 부사와 사용하면 '목적지에 도착하다'라는 뜻이 된다.

Step 2

1. I got a sweater at the department store. (1)
2. He just got an emergency call.
3. I want to get an express train. (2)
4. It was cold, so I got a taxi.
5. They got married in October in California. (3)
6. I got lost in the strange city.
7. When did you get in?

Step 3

1. I got a map at the bookshop.
2. We just got an emergency call.
3. We wanted to get an express.
4. It was close, so I got a bus.
5. He got married in November in California.
6. I always get lost in strange cities.
7. What time did you get in?

Round 1 ☐	Round 2 ☐	Round 3 ☐	Round 4 ☐	Round 5 ☐	Round 6 ☐
월 일	월 일	월 일	월 일	월 일	월 일

get의 용법

get
1. 사다, 받다
2. 타다
3. (그 상태가) 되다

▸ 백화점에서 스웨터 하나를 샀어요. **(1)**

▸ 그는 방금 긴급 전화를 받았어요.

▸ 급행열차를 타고 싶어요. **(2)**

▸ 추워서 택시를 탔어요.

▸ 그들은 10월에 캘리포니아에서 결혼했어요. **(3)**

▸ 나는 낯선 도시에서 길을 잃었어요.

▸ 언제 도착했어요?

▸ 서점에서 지도를 하나 샀어요.

▸ 우리는 방금 긴급 전화를 받았어요.

▸ 우리는 급행을 타고 싶었어요.

▸ 가까워서 버스를 탔어요.

▸ 그는 11월에 캘리포니아에서 결혼했어요.

▸ 나는 항상 낯선 도시에서 길을 잃어요.

▸ 몇 시에 도착했어요?

이것만은 꼭!

2 셀 수 있는 명사와 셀 수 없는 명사

Column

영어에서 사물은 셀 수 있는 것과 셀 수 없는 것으로 나뉜다. 그리고 명사, 즉 사물의 이름도 그 인식에 따라 다른 표현 방식을 취한다.

예를 들면 "I need to buy some rice."와 같이 쌀을 막연한 형태로 표현할 수는 있지만 rice 그 자체를 수나 양으로 나타낼 수는 없다. 개가 세 마리 있다고 말하는 것과 달리, 쌀알을 일일이 세어서 그 수량을 나타내는 것은 비현실적이다. 물처럼 개수를 세는 것 자체가 아예 불가능한 사물도 있다.

그래서 영어에서는 이러한 명사를 셀 수 없는 명사(불가산명사)라고 하고, a bottle of water(물 1병), a kilo of rice(쌀 1킬로), a can of beer(맥주 1캔)하는 식으로 셀 수 있는 명사(가산명사)를 단위로 사용하여 그 양을 나타낸다.

또 영어에서 청바지 한 벌을 a pair of jeans라고 표현하는 것처럼 반드시 'a pair of…'를 붙여야 하는 단어도 있다.

---

a pair of gloves	장갑 한 켤레
a pair of shorts	반바지 한 벌
a pair of trousers	바지 한 벌
a pair of slacks	슬랙스 한 벌
a pair of shoes	신발 한 켤레
a pair of socks	양말 한 켤레
a pair of scissors	가위 한 개

주요 불가산명사 Uncountable

rice	쌀	information	정보
water	물	equipment	기기
salt	소금	furniture	가구
air	공기	knowledge	지식
beer	맥주	music	음악
gold	금	weather	날씨
money	돈	homework	숙제
news	뉴스		

가산명사 Countable를 사용한 표현

a bottle of [water, cola, beer, perfume]	물 한 병, 콜라 한 병, 맥주 한 병, 향수 한 병
a cup of [coffee]	커피 한 잔
a glass of [water, milk]	물 한 잔, 우유 한 잔
a kilo of [rice]	쌀 1킬로
a pound of [grapes]	포도 1파운드
a piece of [paper, cheese, news, music]	종이 한 장, 치즈 한 조각, 뉴스 한 건, 음악 한 곡
a carton of [milk]	우유 한 팩
a bar of [soap, chocolate, gold]	비누 한 개, 초콜릿 한 개, 금궤 한 개
a tube of [toothpaste]	치약 한 개
a loaf of [bread]	빵 한 덩이
a bowl of [rice, soup]	밥 한 공기, 수프 한 컵
a jar of [jam, honey]	잼 한 병, 꿀 한 병

DAY 31 소유를 나타내는 대명사
my, mine

Step2 - 61
Step3 - 62

Step 1

my, your, his, her, our, their, its 등은 대명사의 '소유격'이라 부르고 그 뒤에 명사가 와서 '~의 (것)' 즉 소유를 나타낸다.

단, '소유'라고 해서 물리적으로 그것을 소유하고 있다는 사실만을 의미하지는 않는다. his sister(그의 누나, 여동생: 인간관계), your honesty(당신의 정직함: 속성), their third victory(그들의 세 번째 승리: 행위의 주체) 등 다양한 연관성을 나타낸다.

또한 mine, yours, his, hers, ours, theirs는 소유대명사로서 '~의 것'을 뜻하며 소유자와 소유물을 동시에 나타낸다.

Step 2

1. **My** friend is working in New York.
2. That electronic dictionary is **mine**.
3. Did you enjoy **your** vacation?
4. He's away from **his** desk right now.
5. We presented **our** mid-term plan.
6. I asked for **their** contact addresses.
7. Venice is known for **its** gondolas.

Step 3

1. **My** brother is living in New York.
2. The green umbrella is **mine**.
3. Did you finish **your** homework?
4. He's away from **his** office right now.
5. We discussed **our** mid-term plan.
6. We asked for **their** cooperation.
7. New York's 5th Avenue is known for **its** fancy stores.

Round 1 ☐	Round 2 ☐	Round 3 ☐	Round 4 ☐	Round 5 ☐	Round 6 ☐
월 일	월 일	월 일	월 일	월 일	월 일

대명사

~는	~의	~를/에게	~의 것
I	my	me	mine
you	your	you	yours
he	his	him	his
she	her	her	hers
it	its	it	—
we	our	us	ours
you	your	you	yours
they	their	them	theirs

- 친구가 뉴욕에서 일하고 있어요.

- 그 전자사전은 제 거예요.

- 휴가는 즐겁게 보냈어요?

- 그는 지금 자리에 없어요.

- 우리는 중기 계획을 발표했어요.

- 그들의 연락처를 요청했어요.

- 베니스는 곤돌라로 유명해요.

- 남동생이 뉴욕에서 살고 있어요.

- 그 녹색 우산은 제 거예요.

- 숙제는 다 끝냈어요?

- 그는 지금 사무실에 없어요.

- 우리는 중기 계획에 대해 논의했어요.

- 우리는 그들의 협조를 요청했어요.

- 뉴욕 5번가는 화려한 가게들로 유명해요.

DAY 32

대명사(재귀대명사)
myself

Step2 - 63
Step3 - 64

Step 1

하나의 문장 안에서 동작이나 행위를 하는 주체와 그 동작이나 행위의 대상이 같을 때가 있다. 우리말에서는 '그는 그 자신을 미워했다'고 표현하지만 영어에서는 이 '~자신'과 마찬가지로 **대명사에 ~self/selves를 붙인 형태**를 쓴다.
자신이 한 행위가 자기 자신에게 되돌아 와서 영향을 미치므로 이러한 대명사를 '재귀대명사'라고 부른다. 사전에서는 이 재귀대명사를 통합해서 oneself로 나타낸다. 가령 by oneself라는 표현은 '혼자서, 스스로'라는 뜻이지만, 실제 문장에서는 herself, themselves처럼 주어와 합쳐진 형태로 사용한다.

Step 2

1. Please let me introduce **myself**.
2. I really enjoyed **myself**.
3. We really enjoyed **ourselves**.
4. Please make **yourself** at home.
5. Please help **yourself**.
6. I fell and hurt **myself**.
7. She cut **herself** on a broken plate.

Step 3

1. Please introduce **yourself**.
2. She really enjoyed **herself**.
3. They really enjoyed **themselves**.
4. Please make **yourselves** at home.
5. Please help **yourselves** to coffee and tea.
6. He fell and hurt **himself**.
7. I cut **myself** on a rock.

Round 1 □	Round 2 □	Round 3 □	Round 4 □	Round 5 □	Round 6 □
월 일	월 일	월 일	월 일	월 일	월 일

재귀대명사

~는	~의	~를/에게	~의 것	~ 자신을/에게
I	my	me	mine	myself
you	your	you	yours	yourself
he	his	him	his	himself
she	her	her	hers	herself
it	its	it	—	itself
we	our	us	ours	ourselves
you	your	you	yours	yourselves
they	their	them	theirs	themselves

- 자기소개를 하겠습니다.

- 정말 즐거웠습니다.

- 우리는 정말 즐거웠습니다.

- 편하게 쉬세요.

- 마음껏 드세요. <특히 파티에서 손님에게 하는 말>

- 넘어져서 다쳤어요.

- 그녀는 깨진 접시에 베였어요.

- 자기소개를 해주세요.

- 그녀는 정말 즐거워했어요.

- 그들은 정말 즐거워했어요.

- 편하게 쉬세요.

- 커피와 차를 마음껏 드세요.

- 그가 넘어져서 다쳤어요.

- 바위에 베였어요.

이것만은 꼭!

3 관사의 기초

Column

우리말에는 '관사'가 없다. 하물며 '부정관사'라 불리는 a나 an과 '정관사'라 불리는 the의 구별은, 한국어를 모국어로 하는 사람에게는 좀처럼 익숙해지지 않는 개념이며 어떻게 써야 할지 난감한 것이 당연하다.

우선 a/an의 경우 일반적인 명사를 나타낼 때 쓴다. 예를 들면 a student라고 할 때 어떤 특정 학생을 나타내고 있거나 염두에 두고 있는 것이 아니다. 학생이라고 해도 다양한 학생이 있지만 그러한 차이를 의식하지 않은 상태에서 막연하게 '한 명의 학생'을 가리킨다.

I'm an engineering student.
▶ 저는 공대생입니다.

Chromium is a hard white metal.
▶ 크롬은 백색 중금속입니다.

Influenza is a contagious viral infection.
▶ 감기는 옮기기 쉬운 바이러스성 전염병입니다.

막연하게 일반적인 대상을 가리킨다고 해서 a/an은 '부정관사(정해지지 않은 관사)'라고 불리는 데 반해 '정관사'인 the는 같은 무리 속에서 특정 대상을 가리킬 때 쓴다. a/an이 아닌 the를 쓸 때는 다음과 같은 경우다.

1) 이미 앞서 거론한 특정 대상을 말할 때

예를 들어 무리 중에 있는 어떤 학생에 대해 말한 후에 같은 학생에 대해 다시 언급할 때는 the student가 된다. 즉 '아까 말한 그 학생'이라는 뜻이 되고, 그것을 듣는 쪽도 '아, 그 학생'하고 누구를 지칭하는지 안다. 그리고 서로 (설령 이름을 몰라도) 그 특정 학생에 대해 the student라고 대화를 이어갈 수 있다. 만일 여기에서 a student라고 하면 그것은 '(아까 말한 학생과는 별개의) 학생'이라는 뜻이 된다. a/an을 붙인다는 것은 전에 말하지 않은 처음으로 언급하는 학생을 지칭한다고 볼 수 있다.

2) 앞서 말하지 않았어도 그 상황에서 말하는 사람도, 듣는 사람도 그것이 '무엇'을 가리키는지 명확하게 이해할 때

예를 들어 교실에 있는데 그곳에는 칠판이 하나밖에 없다면 그것을 the blackboard라고 the를 붙여서 부른다. 반대로 그와 같은 상황에서 a blackboard라고 부정관사를 붙여서 말하면 (그 교실에 있는) 특정 칠판이 아닌 일반적인 칠판을 가리키게 된다. 예를 들면 영국에서는 현재 수상을 나타낼 때 the prime minister라고 the를 붙인다. 이는 동시에 두 사람의 수상이 재임할 수 없기 때문이다. 만일 a prime minister라고 하면 그것은 현재뿐 아니라 과거, 나아가 미래의 수상을 모두 포함한 수상이라는 직책을 가리킨다.

3) 상황에 관계없이 하나밖에 없다는 사실을 알 때

예를 들어 지구나 지구의 달, 태양은 하나밖에 없다. 이 경우 오직 하나밖에 존재하지 않으므로 the earth/moon/sun이라고 정관사를 붙인다.

(1), (2), (3)으로 나누었으나 공통된 것은 어떤 사물(사람)인지, 말하는 사람과 듣는 사람이 서로 이해할 수 있을 때는 the를 쓴다는 사실이다.

Let's take the express.

▶ 그 급행을 탑시다.

I reached the hotel at 6:30.

▶ 저는 그 호텔에 6시 30분에 도착했습니다.

The professor was late for class.

▶ 그 교수는 수업에 늦었다.

I'll be out of the office all day.

▶ 저는 종일 사무실 밖에 있을 것입니다.

Write your name at the top.

▶ 맨 위에 이름을 쓰세요.

I use the Internet every day.

▶ 저는 매일 인터넷을 사용합니다.

The environment is affected by global-warming.

▶ 환경은 지구 온난화의 영향을 받습니다.

예외적인 관사 사용

관사에 대한 기본적인 법칙을 설명했다. 대부분의 관사는 이 법칙에 따라 쓰지만 이에 해당하지 않는 예외도 있다. 이 책에서는 모든 문법을 다룰 수 없고, 또 문법의 예외를 모두 다룰 수도 없다. 무엇보다 영어로 의사소통을 할 수 있으면 된다. 설령 문법이 틀렸어도 그것이 서로를 이해하는 데 치명적인 오해를 불러일으키지 않으면 된다. 이 점을 기억하기 바라며 여기에서는 가장 흔히 접할 수 있는 관사의 예외와 특수 용법에 대해 몇 가지 소개하겠다.

the를 붙이는 경우

일부 국가명

the United States of America [the U.S. / the U.S.A]	미국 (미국 연방)
the United Kingdom [the U.K.]	영국
the Dominican Republic	도미니카공화국
the Republic of South Africa	남아프리카공화국
the Netherlands	네덜란드

건물 · 호텔 · 미술관 등

the Empire State Building	엠파이어 스테이트 빌딩
the Eiffel Tower	에펠 탑
the Tower of London	런던 탑
the Metropolitan Museum of Art	메트로폴리탄 미술관
the Golden Gate Bridge	골든게이트 브리지 (금문교)
the Rainbow Bridge	레인보우 브리지
the Hilton Hotel	힐튼 호텔
the Museum of Modern Art	현대 미술관

바다 · 강 · 운하

the Atlantic Ocean	대서양	the Gulf of Mexico	멕시코 만
the Pacific Ocean	태평양	the Caspian Sea	카스피 해
the Amazon River	아마존 강	the English Channel	영국 해협

건물 ② 지명이 앞에 붙으면 the를 붙이지 않음

Tokyo Tower	도쿄 타워
London Bridge	런던 브리지

산맥 · 산악지형

the Rocky Mountains	로키 산맥
the Alps	알프스 산맥

the를 붙이지 않는 경우

호수

Lake Baikal	바이칼 호수

산

Mt. Halla	한라산
Mt. Everest	에베레스트 산

DAY 33 many와 much

Step 1

many와 much는 명사 앞에 붙어서 둘 다 '많다'라는 뜻을 나타낸다. many는 **셀 수 있는 명사**(가산명사)의 복수형 앞에 써서 **'수'의 많음**을 나타내고, much는 time, food, money 등 **셀 수 없는 명사**(불가산명사) 앞에 써서 **'양'의 많음**을 나타낸다.

다만 much는 부정문과 의문문에만 쓰고 긍정문에서는 거의 쓰지 않는다. 그 대신 a lot of를 쓴다.

셀 수 있는 명사(가산 명사)와 셀 수 없는 명사(불가산명사)는 우리말에서는 없는 개념이기 때문에 이해하기 어려울 수도 있다. 오른쪽 그림의 이미지를 머릿속에 넣은 후 예문으로 구체적인 차이점을 확인한다.

Step 2

1. Many people visit Disneyland in California.
2. Many museums are closed on Mondays.
3. She found many interesting paintings to buy.
4. Do you have much free time on Saturdays?
5. I don't have much money for clothing.
6. We don't have much information about tours.
7. There isn't much sense in worrying.

Step 3

1. Many foreigners visit Times Square in New York.
2. Many shops are closed on Sundays.
3. She bought many interesting souvenirs.
4. Does he have much free time on Sundays?
5. I don't have much overtime work.
6. He doesn't have much information about movies.
7. There isn't much sense in planning ahead.

many와 much

many

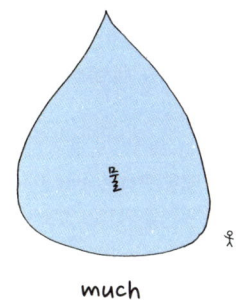
much

- 많은 사람들이 캘리포니아 디즈니랜드를 방문해요.
- 많은 박물관이 보통 월요일에는 문을 닫습니다.
- 그녀는 사고 싶은 흥미로운 그림들을 많이 발견했어요.
- 토요일에는 시간이 많이 있나요?
- 옷에 쓸 돈이 많지 않아요.
- 우리는 여행 정보가 많지 않아요.
- 걱정하는 것은 별로 의미가 없어요.

- 많은 외국인들이 뉴욕 타임스 스퀘어를 방문해요.
- 많은 가게들이 보통 일요일에는 문을 닫습니다.
- 그녀는 흥미로운 기념품들을 많이 샀어요.
- 그는 일요일에는 시간이 많이 있나요?
- 나는 야근을 많이 하지 않아요.
- 그는 영화에 관련된 정보가 많지 않아요.
- 미리 계획하는 것은 별로 의미가 없어요.

DAY 34 매우 편리한 a lot of

Step 1

a lot of는 셀 수 있는 명사에도, 셀 수 없는 명사에도 쓸 수 있다.
가산명사인지 불가산명사인지 헷갈릴 때는 무리해서 many/much를 쓰지 않아도 된다. a lot of를 쓰면 된다. 또 앞서 말한 것처럼 긍정문에서는 much 대신 쓴다.
a lot of는 가산명사, 불가산명사, 긍정문, 부정문, 의문문 등 어디에나 쓸 수 있어서 매우 편리하다. 또한 a lot of 대신에 lots of를 쓸 때가 있다. 이 또한 거의 같은 뜻을 가지고 있으며 동일하게 쓸 수 있다. 기억해두면 좋다.

Step 2

1. I drink a lot of coffee every day.
2. I took a lot of photos in London.
3. I don't need a lot of possessions.
4. I get a lot of news from the Internet.
5. Do you have a lot of baggage?
6. A lot of tourists buy souvenirs.
7. He won a lot of money gambling.

Step 3

1. She drinks a lot of water every day.
2. We took a lot of photos in Berlin.
3. I didn't need a lot of money.
4. They get a lot of news from friends.
5. Does she have a lot of baggage?
6. A lot of visitors look for souvenirs.
7. They lost a lot of money gambling.

Round 1 ☐	Round 2 ☐	Round 3 ☐	Round 4 ☐	Round 5 ☐	Round 6 ☐
월 일	월 일	월 일	월 일	월 일	월 일

매우 편리한 a lot of

> a lot of는 셀 수 있는 명사에도
> 셀 수 없는 명사에도 쓸 수 있다

- 매일 커피를 많이 마셔요.
- 런던에서 사진을 많이 찍었어요.
- 저는 많은 재산이 필요하진 않아요.
- 인터넷에서 많은 소식을 접해요.
- 짐이 많으세요?
- 많은 여행객들이 기념품을 사요.
- 그는 도박으로 많은 돈을 얻었어요.

- 그녀는 매일 물을 많이 마셔요.
- 우리는 베를린에서 사진을 많이 찍었어요.
- 돈이 많이 필요하진 않았어요.
- 그들은 친구로부터 많은 소식을 접해요.
- 그녀는 가지고 있는 짐이 많나요?
- 많은 관광객들이 기념품을 찾아요.
- 그들은 도박으로 많은 돈을 잃었어요.

DAY 35 some과 any

Step2 - 69
Step3 - 70

Step 1

some은 긍정문에, any는 부정문이나 의문문에 쓴다. 그러나 의문문이라도 상대에게 무언가를 제공하거나 제안할 때는 some을 쓴다. 즉 "Would you like some sweets?"처럼 some을 사용할 때는 말 그대로 과자를 좋아하는지를 묻는 것이 아니라, 과자를 먹겠냐고 권유하는 문장이다.

이에 반해 any는 '몇 개라도'라를 의미를 포함한다고 생각하면 된다. 의문문은 '몇 개라도 … 있어요?'라는 뜻이며, 부정문에서 not 뒤에 any가 쓰였으면 '몇 개라도 없다' = '아예 없다'라는 의미가 된다.

Step 2

1. I have some photos of my family.
2. We ate some delicious local food.
3. Would you like to hear some music?
4. Are you interested in some fruit juice?
5. Do you have any books on history?
6. I don't have any time for studying.
7. She doesn't drink any beer or wine.

Step 3

1. She has some photos of her family.
2. We ate some delicious Russian food.
3. Would you like to hear some jazz?
4. Are you interested in some wine?
5. Do you have any guides to London?
6. We don't have any time for discussion.
7. We don't drink any alcohol.

some와 any

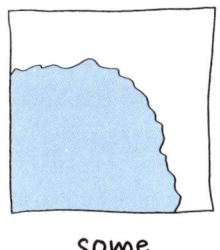
some

any

- 가족 사진을 몇 개 가지고 있어요.
- 우리는 맛있는 현지 음식을 먹었어요.
- 음악 좀 들을까요?
- 과일 주스 좀 드릴까요?
- 역사와 관련된 책을 가지고 있나요?
- 공부할 시간이 없어요.
- 그녀는 맥주나 와인을 안 마셔요.

- 그녀는 가족 사진을 몇 개 가지고 있어요.
- 우리는 맛있는 러시아 음식을 먹었어요.
- 재즈 좀 들을까요?
- 와인 좀 드릴까요?
- 런던 여행 책자를 가지고 있나요?
- 우리는 의논할 시간이 없어요.
- 우리는 술을 안 마셔요.

DAY 36 plenty of, little과 a little, few와 a few

plenty of는 time, money, space 등 셀 수 없는 명사 앞에 쓰며 '많은'이라는 뜻을 가진다.

little과 a little, 또 few와 a few는 뜻이 크게 다르다. 우선 little과 a little은 둘 다 셀 수 없는 명사에 쓴다. little은 **'거의 없는'**이라는 부정적인 뜻이다. 만약 돈이 거의 없다면 have little money가 된다. 이에 반해 a little은 **'많지는 않지만 조금은 있는'** 긍정적인 면을 강조하는 측면이 있어서 have a little money는 '부유하진 않지만 어떻게든 꾸려 나갈 수 있는'이라는 뜻이 된다. 셀 수 있는 명사에 쓰는 few(거의 없다)와 a few(조금 있다)도 마찬가지다.

Step 2

1. We have plenty of time for discussion.
2. They have plenty of new ideas.
3. I've got a little money in savings.
4. We have a little break between meetings.
5. We have little money for travel.
6. I have a few friends in Atlanta.
7. She has few friends to consult with.

Step 3

1. I have plenty of time for sports.
2. She has plenty of new ideas.
3. He's got a little money in savings.
4. We had a little break between discussions.
5. I had little money for travel.
6. They have a few relatives in Atlanta.
7. I have few friends to depend on.

little과 a little, few와 a few

little water   a little water

few people   a few people

- 우리는 의논할 시간이 많이 있어요.
- 그들은 새로운 아이디어가 많아요.
- 저축해 둔 돈이 좀 있어요.
- 회의 중간에 휴식 시간이 좀 있어요.
- 우리는 여행 자금이 거의 없어요.
- 애틀랜타에 친구가 좀 있어요.
- 그녀는 상담할 친구가 거의 없어요.
- 운동할 시간이 많이 있어요.
- 그녀는 새로운 아이디어가 많아요.
- 그는 저축해 둔 돈이 좀 있어요.
- 토론 중간에 휴식 시간이 좀 있었어요.
- 여행 자금이 거의 없었어요.
- 그들은 애틀랜타에 친척이 좀 있어요.
- 의지할 친구가 별로 없어요.

DAY 37 명사 앞의 no와 none of

I have no money.(돈이 전혀 없다)처럼 명사 앞에 no를 붙이면 그것이 '없다'라는 부정의 의미가 된다.

이때 money는 지극히 일반적인 개념으로 쓰인다. '돈이라는 것을 전혀 가지고 있지 않다'라는 뜻이다.

Step 1

이에 반해 명사 앞에 the, this, that, those, my, our 등 그것이 특정(한정)되어 있음을 나타내는 표현(대명사, 정관사 등)이 붙어 있을 때는 of를 덧붙이고, no가 아닌 none을 써서 "None of the buildings in the area were destroyed."(그 지역의 건물은 하나도 부서지지 않았다)와 같이 표현하고, '그 ~중 하나도 ~하지 않은'이라는 뜻을 나타낸다.

Step 2

1. I have no time to spare for cooking.
2. I have no interest in model cars.
3. No rental cars are available this week.
4. I have friends, but none are working.
5. None of us speak Arabic.
6. None of my friends have a car.
7. None of the medicines work well.

Step 3

1. He has no time to study.
2. I have no interest in cooking lessons.
3. No rooms are available next week.
4. She has friends, but none are working.
5. None of them speak Russian.
6. None of our friends own a car.
7. None of the cafes open on Sunday.

Round 1 ☐	Round 2 ☐	Round 3 ☐	Round 4 ☐	Round 5 ☐	Round 6 ☐
월 일	월 일	월 일	월 일	월 일	월 일

no와 none of

```
no + 명사
none of + 대명사, 정관사 등 + 명사
```

- 요리에 할애할 시간이 없어요.
- 모형 차에 관심이 없어요.
- 이번 주에는 이용 가능한 렌터카가 없어요.
- 친구가 여럿 있지만, 일하는 친구는 없어요.
- 우리 중에 아랍어를 하는 사람은 없어요.
- 친구들 중에 차가 있는 사람은 없어요.
- 효과 있는 약이 하나도 없어요.

- 그는 공부할 시간이 없어요.
- 요리 강좌에 관심이 없어요.
- 다음 주에는 이용 가능한 방이 없어요.
- 그녀는 친구가 여럿 있지만, 일하는 친구는 없어요.
- 그들 중에 러시아어를 하는 사람은 없어요.
- 우리 친구들 중에 차가 있는 사람은 없어요.
- 일요일에 여는 카페는 하나도 없어요.

DAY 38 each와 every의 차이

Step2 - 75
Step3 - 76

Step 1

each와 every는 뜻은 비슷하지만 용도가 다르다. 예를 들어 every people이라든지, every car라고 표현하면 사람이나 차 전체에 대해 '예외가 없는' 점을 강조하는 것이다. 즉 '한 사람도 예외 없이 모두' '한 대도 남기지 않고 전부'라는 뜻이 된다. 또한 every는 반드시 그 수가 많은 경우에만 사용한다. 이에 반해 each는 각자의 존재 방식을 말하는 것이 되며 비교적 수가 적은 것에 쓴다. 예를 들면 "Each dish on the dining table has the same design."이라고 표현할 때는 테이블 위에 있는 접시를 하나하나 확인했는데 어느 것이든 모양이 동일했다는 의미로 받아들여진다.

Step 2

1. **Each** baseball team has nine players.
2. **Each** chef has her own specialty.
3. Check **each** answer carefully.
4. **Every** student has to do the assignments.
5. **Every** employee has a laptop computer.
6. In February, **every** day is cold and dry.
7. I read for an hour **every** night.

Step 3

1. **Each** football team has 11 players.
2. **Each** writer has his own style.
3. Check **each** part carefully.
4. **Every** employee has to show ID.
5. **Every** office has its own atmosphere.
6. In Hawaii, **every** day is usually warm.
7. I work out for an hour **every** day.

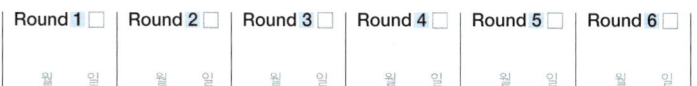

each와 every

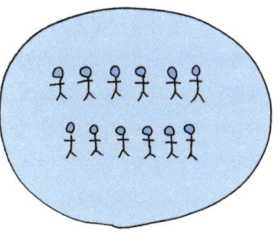

each   every

- 각 야구팀에는 9명의 선수가 있어요.
- 요리사마다 대표 요리가 달라요.
- 모든 답을 꼼꼼하게 점검하세요. <하나씩 점검하라는 의미>
- 모든 학생은 그 과제를 해야 해요.
- 모든 직원은 노트북이 있어요.
- 2월에는 매일 춥고 건조해요.
- 나는 매일 밤 한 시간씩 책을 읽어요.

- 각 축구팀에는 11명의 선수가 있어요.
- 작가마다 스타일이 달라요.
- 모든 부분을 꼼꼼히 점검하세요.
- 모든 직원은 신분증을 제시해야 해요.
- 모든 사무실은 특유의 분위기가 있어요.
- 하와이는 매일 대체로 따뜻해요.
- 나는 매일 한 시간씩 운동을 해요.

DAY 39 설명을 덧붙이는 관계사

Step2 - 77
Step3 - 78

Step 1

명사나 대명사 뒤에 who나 which, that과 같은 단어를 연결해서 그 뒤에 문장으로 설명을 덧붙일 수 있다.

이때 who, which, that처럼 이어주는 말을 '관계사'라고 부른다. 관계사나 관계절에는 더 다양한 종류가 있지만 여기서는 예문을 보고 이어지는 설명이 어떻게 관계사 앞의 명사를 설명, 즉 수식하는지 그 연결 관계를 확인해보기 바란다.

나아가 설명(수식)하려고 하는 명사가 사람이면 who, 사물이면 which를 관계사로 사용한다. that은 사람과 사물에 모두 쓸 수 있다.

Step 2

1. I met a man who lives in Alaska.
2. I have a friend who fixes computers.
3. The person who called will call again.
4. The river which we crossed is the Rhine.
5. The shop which I pass daily sells tea.
6. I met people that play jazz.
7. The film that I saw won an award.

Step 3

1. We met a man who lives in Hawaii.
2. I have a brother who repairs cars.
3. The man who called will call again.
4. The road which we crossed is Highway 66.
5. The shop which I pass daily sells cake.
6. I met people that make pottery.
7. The concert that we attended was excellent.

Round 1 ☐	Round 2 ☐	Round 3 ☐	Round 4 ☐	Round 5 ☐	Round 6 ☐
월 일	월 일	월 일	월 일	월 일	월 일

관계사

> who : 설명하는 명사가 사람인 경우
>
> which : 설명하는 명사가 사물인 경우
>
> that : 설명하는 명사가 사람 · 사물 어느 쪽이어도 사용 가능

- 알래스카에 사는 남자를 만났어요.
- 컴퓨터를 고치는 친구가 하나 있어요.
- 전화했던 사람이 다시 전화할 거예요.
- 우리가 건넌 강이 라인 강입니다.
- 내가 매일 지나가는 가게에서 차를 팔아요.
- 재즈 연주를 하는 사람들을 만났어요.
- 내가 봤던 영화가 수상을 했어요.

- 우리는 하와이에 사는 남자를 만났어요.
- 차를 수리하는 오빠가 있어요.
- 전화했던 남자가 다시 전화할 거예요.
- 우리가 건넌 도로가 66번 고속도로예요.
- 내가 매일 지나가는 가게에서 케이크를 팔아요.
- 도자기 만드는 사람들을 만났어요.
- 우리가 갔던 콘서트는 훌륭했어요.

DAY 40 전치사 ① 시간을 나타내는 at

전치사는 기본적으로 시간 혹은 공간적 위치나 관계를 나타낼 때 쓴다. 여기서는 우선 시간을 나타내는 데 사용하는 전치사에 대해 설명하고자 한다.
at은 다음과 같은 곳에 사용한다.

Step 1

(1) at 8 o'clock, at 4:30 등 시각을 나타내는 경우. 이 경우는 한 시점을 나타낼 때 쓴다.

(2) at night(밤에), at midnight(한밤중에), at noon(정오에), at the moment(그 순간에), at present(현재)와 같이 그밖에 다른 시간 표현으로 사용할 경우. (2)의 경우는 하나하나 별도로 기억하기 바란다.

Step 2

1. We are going to meet at 8 o'clock.
2. The shuttle bus leaves at 4:30.
3. The concert starts at 7:30.
4. No tickets are available at present.
5. Let's meet at the cafeteria at noon.
6. Is this area safe at night?
7. How about meeting Monday at 2:30?

Step 3

1. They are going to meet at 6:00.
2. Our train leaves at 4:30.
3. The performance begins at 7:30.
4. No seats are available at the moment.
5. Let's eat at the cafeteria at noon.
6. Is this area busy at Christmas?
7. How about meeting Friday at 3:30?

시간을 나타내는 at

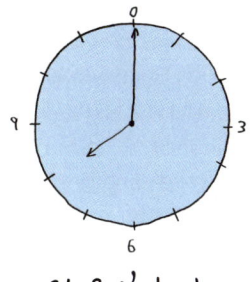

at 8 o'clock

- 우리는 8시에 만날 거예요.

- 셔틀버스는 4시 30분에 떠나요.

- 콘서트는 7시 30분에 시작해요.

- 현재 구매 가능한 표가 없어요.

- 정오에 구내식당에서 만나요.

- 이 지역은 밤에 안전해요?

- 월요일 2시 30분에 만나는 건 어때요?

- 그들은 6시에 만날 거예요.

- 우리 기차는 4시 30분에 떠나요.

- 연주회는 7시 30분에 시작해요.

- 현재 이용 가능한 좌석이 없어요.

- 정오에 구내식당에서 먹어요.

- 이 지역은 크리스마스에 붐비는 편이에요?

- 금요일 3시 30분에 만나는 건 어때요?

전치사 ②
시간을 나타내는 on과 in

Step2 - 81
Step3 - 82

Step 1

on은 (1) on Sunday(일요일에), on January 16th(1월 16일에), on New Year's Day(새해 첫날에) 등 요일, 날짜, 일 년 중 특정한 날, (2) on Friday morning(금요일 아침에), on Sunday evening(일요일 저녁에) 등 일주일 중 특정한 날의 아침, 점심, 저녁 등을 나타낼 때 쓴다.

in은 (1) in the morning(아침에), in the afternoon(오후에), in the evening(저녁에) 등 일반적으로 아침, 점심, 저녁을 나타낼 때 (2) in April(4월에) 등 월(달)을 나타낼 때 (3) in 1957(1957년에) 등 해를 나타낼 때 (4) in spring(봄에) 등 계절을 나타낼 때 쓴다. 예문을 통해 표현을 기억하자.

Step 2

① I'll attend a wedding **on** January 10th.

② Many people gather at Times Square **on** New Year's Eve.

③ Let's go shopping **on** Friday evening.

④ Do you work **in** the evenings?

⑤ Schools in the U.K. start **in** September.

⑥ Our mid-term plan ends **in** 2018.

⑦ The best time to travel is **in** spring.

Step 3

① She'll attend a meeting **on** January 10th.

② My family visits relatives **on** New Year's Day.

③ Let's go swimming **on** Saturday morning.

④ Do you do laundry **in** the evenings?

⑤ Schools in America start **in** August.

⑥ Their mid-term plan ends **in** 2020.

⑦ The worst time to travel is **in** June.

Round 1 □	Round 2 □	Round 3 □	Round 4 □	Round 5 □	Round 6 □
월 일	월 일	월 일	월 일	월 일	월 일

시간을 나타내는 on과 in

on	in
요일, 날짜, 일 년 중 특정한 날	일반적인 아침, 점심, 저녁 ex) in the morning 달 ex) in April
특정한 날의 아침, 점심, 저녁 ex) on Sunday evening	해 ex) in 1957 계절 ex) in spring

- 1월 10일에 결혼식에 참석할 거예요.

- 많은 사람들이 새해 전날 타임스 스퀘어로 모여요.

- 금요일 저녁에 쇼핑하러 갑시다.

- 저녁에 근무하세요?

- 영국 학교들은 9월에 새 학기를 시작해요.

- 우리의 중기 계획은 2018년에 끝나요.

- 여행 가기 가장 좋은 시기는 봄이에요.

- 그녀는 1월 10일에 회의에 참석할 거예요.

- 우리 가족은 새해 첫날 친척들을 만나요.

- 토요일 아침에 수영하러 갑시다.

- 저녁에 빨래를 하세요?

- 미국 학교들은 8월에 새 학기를 시작해요.

- 그들의 중기 계획은 2020년에 끝나요.

- 여행 가기 가장 안 좋은 시기는 6월이에요.

DAY 42 전치사 ③ 공간을 나타내는 at

Step2 - 83
Step3 - 84

Step 1

어떤 지점을 정확히 표현할 때 전치사 at을 쓴다. '그 지점'의 실제 넓이는 상관없다. 말하는 사람이 그 장소를 막연히 넓은 지역으로 받아들이지 않고 특정 '지점'으로 인식한다면 at을 사용한다는 뜻이다.

이에 반해 "A lot of children were playing in the playground."(많은 아이들이 운동장에서 놀고 있었다)와 같이 면적으로는 좁아도 운동장이라는 공간의 넓이가 인식될 때는 at이 아니라 in을 쓰기도 한다.

Step 2

1. I'll be at home all day.
2. She wasn't at work on Friday.
3. I majored in science at university.
4. Can you meet me at the airport?
5. Does this train stop at Cambridge?
6. Leave your key at the reception desk.
7. We met at a concert last year.

Step 3

1. I won't be at home all day.
2. The boss wasn't at work on Friday.
3. I'm majoring in science at university.
4. Could you meet me at the restaurant?
5. Does this bus stop at Fifth Avenue?
6. Pick up your key at the reception desk.
7. They met at a concert last month.

공간을
나타내는
at

- 나는 종일 집에 있을 거예요. <학교나 직장에서>
- 그녀는 금요일에 출근하지 않았어요.
- 대학에서 과학을 전공했어요.
- 공항에서 만나도 될까요?
- 이 기차는 케임브리지 역에 서나요?
- 열쇠를 프런트에 맡겨 주세요.
- 우리는 작년에 콘서트에서 만났어요.

- 나는 종일 집에 없을 거예요.
- 상사가 금요일에 출근하지 않았어요.
- 대학에서 과학을 전공하고 있어요.
- 식당에서 만나도 괜찮으실까요?
- 이 버스는 5번가 정류장에 서나요?
- 열쇠를 프런트에서 찾아가세요.
- 그들은 지난달에 콘서트에서 만났어요.

DAY 43 전치사 ④ 공간을 나타내는 in과 on

Step2 - 85
Step3 - 86

Step 1

in은 **입체적인 것의 '내부'**, 혹은 **공간적으로 갇힌 경계 '안쪽'**에 대상이 존재함을 나타낸다.

(into는 특정 공간의 외부에서 내부에 있는 한 점으로 이동하는, 그 움직임을 나타낸다. 예를 들면 "Let's go into this shop."이라는 문장에서는 가게라는 공간 외부에서 내부로 이동하는 것을 나타낸다.)

이에 반해 on은 대상이 **평면 위(표면)**에 있다는 사실을 나타낸다. 그 평면이 수평인지, 수직인지, 아니면 기울어져 있는지는 상관없다. 천장에 붙어 있어도 역시 on the ceiling이라고 한다. 섬과 산 등의 표면, 즉 지면에 있을 때도 on을 쓴다.

Step 2

1. Is there a microwave in the room?
2. I rode in a taxi to the station.
3. The movie schedule is in the newspaper.
4. Put the "do not disturb" sign on the door.
5. The light on the ceiling isn't bright enough.
6. There's a mosquito on your arm.
7. Does this bus run on Johnston Street?

Step 3

1. Is there a microwave in the kitchen?
2. I rode in a shuttle to the station.
3. The concert schedule is in the newspaper.
4. Take off the sign on the door.
5. The light on the ceiling is bright enough.
6. There's a bug on your arm.
7. Does this streetcar run on Johnston Street?

Round 1 ☐	Round 2 ☐	Round 3 ☐	Round 4 ☐	Round 5 ☐	Round 6 ☐
월 일	월 일	월 일	월 일	월 일	월 일

공간을 나타내는 in과 on

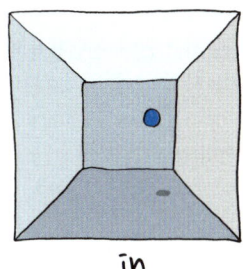
in

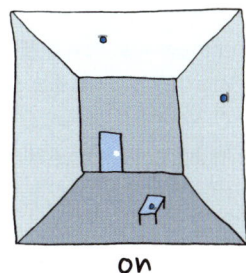
on

- 그 방에 전자레인지가 있나요?

- 택시를 타고 역으로 갔어요.

- 영화 상영표는 신문에 나와 있어요.

- 문에 "방해하지 마세요" 표시를 붙이세요.

- 천장에 있는 불이 충분히 밝지 않아요.

- 당신 팔에 모기가 있어요.

- 이 버스는 존스턴 거리를 지나가나요?

- 부엌에 전자레인지가 있나요?

- 셔틀버스를 타고 역으로 갔어요.

- 콘서트 일정표는 신문에 나와 있어요.

- 문에 있는 표시를 떼세요.

- 천장에 있는 불이 충분히 밝아요.

- 당신 팔에 벌레가 있어요.

- 이 전차는 존스턴 거리를 지나가나요?

DAY 44 전치사 ⑤
on time과 in time

Step2 - 87
Step3 - 88

Step 1

on time은 미리 계획을 세우고 그 계획에 따라 일이 진행될 때 쓰고 '정시에' 라는 뜻이다.

in time은 따로 계획을 세우지는 않았지만 '시간 안에' 진행됐을 때 쓴다. 콘서트 시간이나 기차 출발 시간 전에 도착했는지 아닌지를 나타낼 뿐이다.

또한 정해진 시간에 '늦었을' 때는 behind time을 써서 "This train is five minutes behind time."(이 전철은 5분 늦었다)라고 표현한다.

Step 2

1. Our train arrived in Paris on time.
2. Our taxi reached the theater in time.
3. The project is progressing on time. [The project is on schedule].
4. Please be on time.
5. The 10:30 train left on time.
6. I'll be in time for the meeting.
7. I got to the station just in time.

Step 3

1. Our flight arrived in San Francisco on time.
2. Our taxi reached the stadium in time.
3. The construction project is on schedule.
4. We'll reach London on time.
5. The 9:00 bus left on time.
6. I won't be in time for lunch.
7. I left the station just in time.

Round 1 ☐	Round 2 ☐	Round 3 ☐	Round 4 ☐	Round 5 ☐	Round 6 ☐
월 일	월 일	월 일	월 일	월 일	월 일

on time과 in time

> on time은 '정시에'
> in time은 '시간 안에'

- 기차가 파리에 정시에 도착했어요.
- 택시가 영화관에 시간 안에 도착했어요.
- 그 프로젝트는 일정대로 진행되고 있어요.
- 정시에 와 주세요.
- 10시 30분 기차는 정시에 출발했어요.
- 회의 시간 안에 갈 수 있을 거예요.
- 가까스로 시간 안에 역으로 도착했어요.

- 비행기가 샌프란시스코에 정시에 도착했어요.
- 택시가 경기장에 시간 안에 도착했어요.
- 그 건설 공사는 일정대로 진행되고 있어요.
- 우리는 런던에 정시에 도착할 거예요.
- 9시 버스는 정시에 출발했어요.
- 점심시간 안에 갈 수 없을 거예요.
- 가까스로 시간 안에 역에서 출발했어요.

DAY 45 전치사 ⑥
for, during, while의 구분

Step2 - 89
Step3 - 90

Step 1

for는 어떤 행동이나 사건이 지속된 시간의 길이를 나타낸다(for 12 days 등).
during은 보통, 명사(혹은 명사구) 앞에서 그것이 무슨 기간이었는지를 나타낸다(during summer vacation '여름 방학 중에' / during my absence '내가 없을 때' 등). 그 기간의 길이를 말하려는 것은 아니다.
while 뒤에는 동사나 절이 오는데 "While Hyun Bin was running around the park"(현빈이 공원을 달리고 있는 동안) 등 뭔가의 행위나 상태가 지속되는 동안을 나타낸다.

Step 2

1. The exhibition will continue for three weeks.
2. I'd like to study abroad for a year.
3. Take careful notes during the presentation.
4. During the morning, I'll be out of my office.
5. I lost track of time while shopping.
6. I read while waiting for the buses.
7. While you're gone, I'll answer phone calls.

Step 3

1. The show will continue for four days.
2. I'd like to travel abroad for a month.
3. Take good notes during the lecture.
4. During the lunch hour, I'll be here.
5. He lost track of time while shopping.
6. I read while waiting for the trains.
7. While you're here, look at these photos.

Round 1 ☐	Round 2 ☐	Round 3 ☐	Round 4 ☐	Round 5 ☐	Round 6 ☐
월 일	월 일	월 일	월 일	월 일	월 일

for, during, while의 구분

for는 '그 시간의 길이'를 나타낸다
during은 '그 기간의 내용'을 나타낸다
while은 '지속 기간'을 뒤에 오는 절로 나타낸다

- 그 전시회는 3주간 지속될 거예요.
- 나는 1년 동안 해외에서 공부하고 싶어요.
- 발표 중에 꼼꼼히 필기하세요.
- 아침에는 사무실 밖에 있을 거예요.
- 쇼핑할 때 시간 가는 줄도 몰랐어요.
- 버스를 기다리면서 책을 읽어요.
- 당신이 안 계시는 동안 대신 전화를 받을게요.
- 그 공연은 4일간 지속될 거예요.
- 나는 한 달 동안 해외여행을 하고 싶어요.
- 강의 중에 잘 필기하세요.
- 점심시간에는 여기 있을 거예요.
- 쇼핑할 때 그는 시간 가는 줄도 몰랐어요.
- 기차를 기다리면서 책을 읽어요.
- 여기 계시는 동안 이 사진들을 보고 계세요.

DAY 46

전치사 ⑦
교통수단을 나타내는 by

Step 1

by car, by taxi, by bus, by plane 등 '**교통수단**'을 나타낼 때는 대부분 by를 사용한다(이때 car나 bus 등 교통수단을 나타내는 명사에는 관사를 붙이지 않는다).

단, 도보로 갈 때는 예외적으로 on foot을 써서 "The museum is 10 minutes on foot."(그 미술관은 도보로 10분이다)이라고 말한다.

이를 by foot이라고 해도 치명적인 실수는 아니지만 확실히 이상하게 들린다. 한국인이 많이 틀리는 전치사다.

Step 2

1. It's more convenient to go **by** taxi.
2. Let's go to the airport **by** bus.
3. We'll travel to Vienna **by** plane.
4. The best way to see Canada is **by** train.
5. **By** subway it takes 15 minutes.
6. Can I send this **by** express mail?
7. You can go **by** underground or **on** foot.

Step 3

1. It's less convenient to go **by** train.
2. Let's go to the restaurant **by** taxi.
3. She'll travel to Vienna **by** rail.
4. The easiest way to see Canada is **by** train.
5. **On** foot it takes 15 minutes.
6. Can I send this **by** air mail?
7. You can go **by** subway or **on** foot.

Round 1 ☐	Round 2 ☐	Round 3 ☐	Round 4 ☐	Round 5 ☐	Round 6 ☐
월 일	월 일	월 일	월 일	월 일	월 일

교통수단을 나타내는 by

> **by** 교통수단을 나타낼 때
> ex) by bus, by train, by plane
>
> * '도보'라고 할 때는 on foot을 쓴다

- 택시로 가는 것이 더 편해요.
- 공항에 버스를 타고 갑시다.
- 비엔나로 비행기를 타고 이동할 거예요.
- 캐나다를 둘러보려면 기차가 제일 좋아요.
- 지하철로 15분 걸려요.
- 이걸 빠른 우편으로 보내도 될까요?
- 지하철이나 도보로 갈 수 있어요.

- 기차로 가는 것이 더 불편해요.
- 식당에 택시를 타고 갑시다.
- 그녀는 비엔나로 기차를 타고 이동할 거예요.
- 캐나다를 둘러보려면 기차가 제일 편해요.
- 걸어서 15분 걸려요.
- 이걸 항공 우편으로 보내도 될까요?
- 지하철이나 도보로 갈 수 있어요.

DAY 47 전치사 ⑧ 수단을 나타내는 by와 with

Step 1

'~에 의해서', '~을 사용해서' 등 수단이나 방법을 나타낼 때, 그것이 사람이나 사람의 신체 일부일 때는 by를 쓰고 사물, 도구일 때는 with를 쓰는 것이 일반적이다.

단, 이 또한 어디까지나 원칙이며 by phone이나 예문에도 있는 by credit card처럼, 사용하는 것이 사물일지라도 by를 쓸 때가 있다. 또한 credit card일 때 '내 신용카드로'라고 누구의 카드인지 나타낼 때는 with my credit card와 같이 with를 쓰는 것이 일반적이다. 이처럼 표현 방식은 용법에 따라 기억해야 한다.

Step 2

1. This cabinet was made by hand.
2. The cake was baked by my mother.
3. Payment may be made by credit card.
4. Open the lock with this key.
5. We cut down the tree with an axe.
6. He took photos with his smartphone.
7. She is able to eat with chopsticks.

Step 3

1. This quilt was made by hand.
2. These cookies were baked by my mom.
3. Charges may be made by credit card.
4. Open the door with this key card.
5. Dad cuts down trees with an axe.
6. We took photographs with our smartphones.
7. I'm not able to eat with chopsticks.

Round 1 ☐	Round 2 ☐	Round 3 ☐	Round 4 ☐	Round 5 ☐	Round 6 ☐
월 일	월 일	월 일	월 일	월 일	월 일

수단을 나타내는 by와 with

> by : 사람이나 사람의 신체를 사용한 수단, 방법일 때
>
> with : 도구를 썼을 때

- 이 수납장은 손으로 만든 거예요.
- 어머니가 그 케이크를 구웠어요.
- 신용카드로 지불하셔도 돼요.
- 이 열쇠로 자물쇠를 여세요.
- 우리는 도끼로 나무를 잘랐어요.
- 그는 스마트폰으로 사진을 찍었어요.
- 그녀는 젓가락으로 먹을 수 있어요.

- 이 퀼트는 손으로 만든 거예요.
- 어머니가 이 쿠키들을 구웠어요.
- 요금은 신용카드로 지불하셔도 돼요.
- 이 카드 키로 문을 여세요.
- 아버지는 도끼로 나무를 잘라요.
- 우리는 스마트폰으로 사진을 찍었어요.
- 젓가락으로 먹을 수 없어요.

DAY 48 전치사 ⑨ 시간을 나타내는 by와 until의 구분

Step2 - 95
Step3 - 96

Step 1

시간을 나타내는 전치사로 by를 쓰면 no later than~ '~까지'라는 뜻을 나타낸다. 말하자면 기한을 나타내는 표현으로 "You should submit your assignment by next Friday."(다음 주 금요일까지 과제를 제출해주세요)라고 말했다면 그 기한보다 빠른 수요일이나 목요일에 제출해도 별 상관없다.

이에 반해 until은 어느 시점까지 계속 뭔가가 지속되고 있을(있던) 때 쓴다. "You need to study English until 5 o'clock."(5시까지 계속 공부해야 한다)이라고 했다면 5시보다 빨리 끝낼 수는 없다.

'~까지' by와 '~까지 계속'의 until을 구별해서 기억한다.

Step 2

1. We have to reach the station by 7:45.
2. I'll be home by 4:30.
3. I have to finish this job by 4:00 p.m.
4. By Tuesday, we will be in Austria.
5. Let's work until 2:00, okay?
6. I'll be at home until 4:30.
7. Jenny will be away until Wednesday.

Step 3

1. We have to finish this job by noon.
2. We'll be home by 6:00 at the latest.
3. I have to finish cooking by 5:00.
4. By Monday, we will be in Japan.
5. Let's work until 3:00, okay?
6. I'll be at home until lunchtime.
7. Jenny will be away until Sunday.

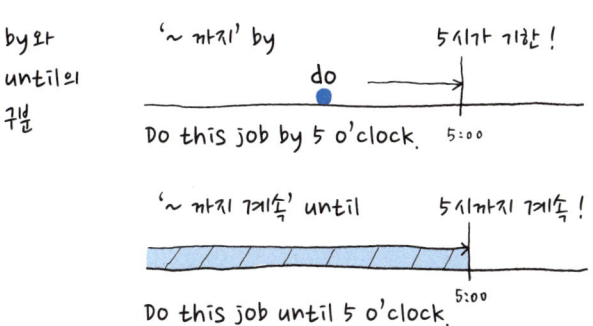

- 우리는 역에 7시 45분까지 도착해야 해요.

- 4시 30분까지는 집에 도착할 거예요.

- 이 일을 오후 4시까지 끝내야 해요.

- 화요일까지는, 우리는 오스트리아에 가 있을 거예요.
  <여러 나라를 여행하는데, 화요일에는 오스트리아에 있다는 의미>

- 2시까지는 일을 계속하죠, 괜찮죠?

- 4시 30분까지 계속 집에 있을 거예요.

- 제니는 수요일까지 계속 자리를 비울 거예요.

- 우리는 정오까지 이 일을 끝내야 해요.

- 우리는 늦어도 6시까지는 집에 도착할 거예요.

- 5시까지 요리를 끝내야 해요.

- 월요일까지는, 우리는 일본에 가 있을 거예요.

- 3시까지는 일을 계속하죠, 괜찮죠?

- 점심때까지 계속 집에 있을 거예요.

- 제니는 일요일까지 계속 자리를 비울 거예요.

DAY 49 — 전치사 ⑩ 움직임을 나타내는 전치사

Step2 - 97
Step3 - 98

through '~을 통해, 지나서'
across '~을 건너서, 가로질러'
over '~을 넘어서'
around '~을 돌아서'

Step 1
위와 같은 전치사는 뭔가가 움직이는 경로를 나타낸다. 또한 실제로 뭔가가 움직이지 않아도 look over the papers '서류를 훑어보다'와 같이 시선을 움직여서 사물을 볼 때도 쓴다. 물론 이밖에 여러 가지 뜻과 용법이 있으므로 아래 예문과 실제 대화를 통해 배워야 하지만, 일단 오른쪽 이미지를 기억해 두면 편하다.

Step 2

1. I walked through the park to work.
2. We had to work through the weekend.
3. There's a mailbox across the street.
4. Shall we go across the road?
5. Don't climb over the fence!
6. He must be over 50.
7. I'd like to travel around southern France.

Step 3

1. We walked through the mall to work.
2. She had to work through the weekend.
3. There's a tea shop across the street.
4. Shall we row across the lake?
5. Don't walk over that risky bridge!
6. I'm sure he is over 50.
7. I'd like to tour around southern England.

Round 1 ☐	Round 2 ☐	Round 3 ☐	Round 4 ☐	Round 5 ☐	Round 6 ☐
월 일	월 일	월 일	월 일	월 일	월 일

움직임을 나타내는 전치사 through, across, over, around

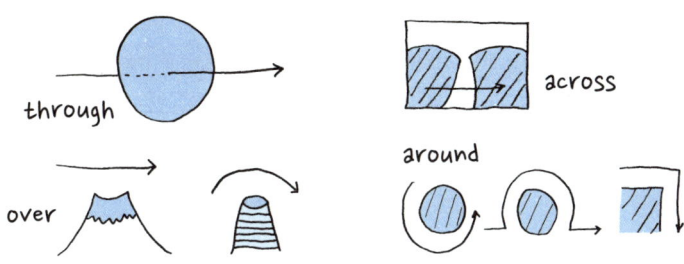

- 공원을 통해서 회사로 걸어왔어요.

- 우리는 주말 내내 일해야 했어요.

- 길 건너에 우체통이 있어요.

- 길을 건너갈까요?

- 울타리를 넘어 가지 마세요!

- 그는 틀림없이 50세가 넘었을 거예요.

- 프랑스 남부를 여행하고 싶어요.

- 우리는 그 쇼핑몰을 통해서 회사로 걸어왔어요.

- 그녀는 주말 내내 일해야 했어요.

- 길 건너에 차 가게가 있어요.

- 배를 저어 호수를 건너갈까요?

- 그 위험한 다리를 건너가지 마세요!

- 그는 분명 50세가 넘었을 거예요.

- 영국 남부를 여행하고 싶어요.

DAY 50 전치사 ⑪ 헷갈리는 예

Step2 - 99
Step3 - 100

Step 1

over와 under는 '~ 위(쪽)에', '~ 아래(쪽)에'라는 대조적인 뜻으로 쓰이지만, over the bridge나 under the bridge 둘 다 bridge와는 접촉하지 않고 그 사이에 간격, 공간이 존재한다는 것을 기억하자.

in front of와 in the front of는 뜻이 다르다. He sat in the front of the bus.라고 하면 '버스의 앞쪽에 앉았다'라는 뜻이 되지만, He sat in front of the bus.라고 하면 '버스 차체 앞에(버스 밖에) 앉았다'라는 뜻이 된다.

in back과 in the back of도 마찬가지다.

Step 2

1. Hang the poster over the bed.
2. The dentist's office is over the hair salon.
3. The cat is hiding under the sofa.
4. Cars were lined up behind the bus.
5. The kitchen is in the back of our house.
6. Don't walk in front of the bus!
7. Let's sit in the front of the bus.

Step 3

1. We put the painting over the sofa.
2. My favorite store is over that restaurant.
3. We took photos under the Eiffel Tower.
4. People were lined up behind the bus.
5. The register is in the back of the shop.
6. Don't walk in back of that bus!
7. Let's sit in the back of the bus.

| Round 1 ☐ | Round 2 ☐ | Round 3 ☐ | Round 4 ☐ | Round 5 ☐ | Round 6 ☐ |
| 월 일 | 월 일 | 월 일 | 월 일 | 월 일 | 월 일 |

in front of와 in the front of

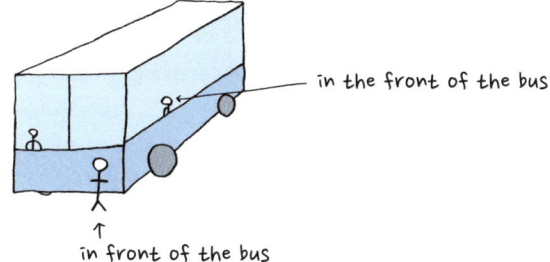

- 침대 위에 포스터를 걸어 놓으세요.
- 그 치과는 미용실 위에 있어요.
- 고양이는 소파 아래 숨어 있어요.
- 차들이 버스 뒤로 줄지어 세워져 있었어요.
- 우리 집 주방은 뒤쪽에 있어요.
- 버스 앞으로 지나가지 마세요!
- 버스 앞자리에 앉읍시다.

- 우리는 그 그림을 소파 위에 걸어 놓았어요.
- 내가 가장 좋아하는 가게는 그 식당 위에 있어요.
- 우리는 에펠 탑 아래서 사진을 찍었어요.
- 사람들이 버스 뒤로 줄지어 서 있었어요.
- 계산대는 가게 뒤쪽에 있어요.
- 버스 뒤로 지나가지 마세요!
- 버스 뒷자리에 앉읍시다.

-ed로 끝나는 형용사와 -ing로 끝나는 형용사

Step 1

interested와 interesting은 interest라는 말에 각각 -ed와 -ing를 붙여서 만든 형용사인데 그 뜻과 용법은 다르다.

"Eunmi was interested."라고 하면 은미 자신이 뭔가에 흥미를 가지고 있다는 얘기지만, "Eunmi was interesting."이라고 하면 남들이 보았을 때 은미는 흥미로운 인물이라는 뜻이다.

따분해서 "I'm bored."라고 말해야 하는데 "I'm boring."이라고 해서 "나는 재미없는 사람이다"라고 말했다는 얘기도 자주 듣는다.

-ed와 -ing를 구분해서 써야 하는 형용사는 대부분 감정을 나타낸다. 주요 형용사를 오른쪽에 정리해보았다.

Step 2

1. The excursion was very **interesting**.
2. I was **interested** in the special exhibition.
3. I was **surprised** with a ring from my husband.
4. She was **surprised** by her promotion.
5. His presentation was quite **boring**.
6. We were **bored** by his old jokes.
7. The news of the accident was **shocking**.

Step 3

1. The exhibition was very **interesting**.
2. I was **interested** in the special excursion.
3. I was **surprised** with a sweater from my wife.
4. We were **surprised** by her promotion.
5. Her presentations are quite **boring**.
6. She was **bored** by his old jokes.
7. The news of the crash was **shocking**.

Round 1 □	Round 2 □	Round 3 □	Round 4 □	Round 5 □	Round 6 □
월 일	월 일	월 일	월 일	월 일	월 일

-ed 로 끝나는 형용사와 -ing 로 끝나는 형용사

interested	(흥미를 가진)	interesting	(흥미로운)
surprised	(놀란)	surprising	(놀라움을 주는)
bored	(지루해하는)	boring	(지루함을 주는)
shocked	(충격 받은)	shocking	(충격적인)
excited	(흥분한)	exciting	(흥분시키는)
satisfied	(만족한)	satisfying	(만족을 주는)

- 여행이 아주 재미있었어요.
- 그 특별 전시회에 관심이 있었어요.
- 남편이 반지를 줘서 놀랐어요.
- 그녀는 자신의 승진 소식에 놀랐어요.
- 그의 발표는 꽤나 지루했어요.
- 그의 오래된 농담 때문에 우리는 지루했어요.
- 그 사고 소식은 충격적이었어요.
- 전시회는 아주 재미있었어요.
- 그 특별 여행에 관심이 있었어요.
- 아내가 스웨터를 줘서 놀랐어요.
- 우리는 그녀의 승진 소식에 놀랐어요.
- 그녀의 발표들은 꽤나 지루했어요.
- 그의 오래된 농담 때문에 그녀는 지루했어요.
- 그 충돌 소식은 충격적이었어요.

DAY 52 형용사의 비교급

Step2 - 103
Step3 - 104

Step 1

형용사를 비교급('더 높은' '더 무거운' '더 적은' 등) 형태로 만드는 두 가지 방법이 있다.
하나는 어미에 -er을 붙이는 방법(어미가 y인 경우에만, y를 i로 바꾸고 -er을 붙인다), 또 한 가지는 형용사 앞에 'more'(혹은 'less')를 붙이는 방법이다.
일반적으로 형용사가 1음절일 경우에는 -er을 붙이고 3음절 이상일 때는 'more', 'less'를 붙인다. 2음절일 때는 경우에 따라 다르다.
'~보다 (크다)'라는 의미로 비교의 대상이 되는 것 앞에는 than을 붙이지만 문맥으로 알 수 있을 때는 비교 대상을 생략하기도 한다.

Step 2

1. My father is older than my boss.
2. We need a newer computer system.
3. I've decided to get up earlier.
4. New York is more expensive than Boston.
5. I'm more careful of my health recently.
6. William is less strict than Jerry.
7. Our new car uses less gas.

Step 3

1. My husband is older than I am.
2. Our company has a newer computer system.
3. I've finally begun getting up earlier.
4. Sydney is more crowded than Brisbane.
5. I'm more careful of my diet recently.
6. My father is less strict than my mother.
7. Our new refrigerator uses less electricity.

Round 1 ☐	Round 2 ☐	Round 3 ☐	Round 4 ☐	Round 5 ☐	Round 6 ☐
월 일	월 일	월 일	월 일	월 일	월 일

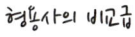

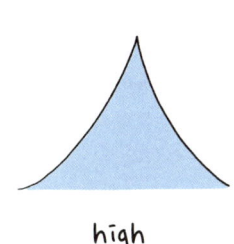
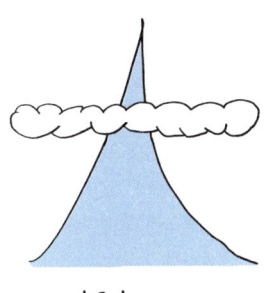

high　　　　　　　　　higher

- 아버지가 내 상사보다 나이가 더 많아요.
- 우리는 더 새로운 컴퓨터 시스템이 필요해요.
- 더 일찍 일어나기로 했어요.
- 뉴욕이 보스턴보다 물가가 더 높아요.
- 요즘 건강에 더 주의하고 있어요.
- 윌리엄은 제리보다 덜 엄격해요.
- 우리의 새 자동차는 기름을 덜 먹어요.
- 남편이 나보다 나이가 더 많아요.
- 우리 회사는 더 새로운 컴퓨터 시스템을 가지고 있어요.
- 드디어 아침에 일찍 일어나기 시작했어요.
- 시드니가 브리즈번보다 더 혼잡해요.
- 요즘 식습관에 더 주의하고 있어요.
- 아버지가 어머니보다 덜 엄격해요.
- 우리의 새 냉장고는 전기를 덜 먹어요.

DAY 53 — 3개 이상의 것을 비교하는 형용사 (최상급)

Step 1

단순히 두 가지를 비교하는 것이 아니라 세 개 이상의 것을 비교해서 그 중에서 '가장 높은', '가장 무거운', '가장 적은' 것임을 나타낼 때(최상급), 형용사가 짧으면 어미에 -est를 붙이고 길면 앞에 'the most'(혹은 'the least')를 붙인다.

단, 아래 예문 3의 Their oldest son처럼 소유격 등에 의해 정관사 the가 교체될 수도 있다. 또한 예문 2처럼 second 등 순위를 나타내는 말(서수)을 the 뒤에 붙이면 '몇 번째로 높은' 것인지 표현할 수 있다.

Step 2

1. That's the biggest bank in town.
2. The second highest mountain is K2.
3. Their oldest son is married.
4. Where is the nearest pharmacy?
5. The cheapest flights are in March.
6. Heathrow Airport is the most convenient airport.
7. The least exciting member is Jim.

Step 3

1. It's the largest bank in the city.
2. The second biggest city is Los Angeles.
3. My oldest daughter isn't married yet.
4. Where is the nearest drug store?
5. The cheapest tours are in November.
6. London Kings Cross is the most convenient station.
7. The least confusing section is Part 4.

Round 1 ☐	Round 2 ☐	Round 3 ☐	Round 4 ☐	Round 5 ☐	Round 6 ☐
월 일	월 일	월 일	월 일	월 일	월 일

3개 이상의 것을 비교하는 형용사 (최상급)

highest

- 저 은행이 동네에서 가장 큰 은행이에요.

- 두 번째로 높은 산은 K2예요.

- 그 집 큰아들은 결혼했어요.

- 가장 가까운 약국은 어디에 있어요?

- 가장 저렴한 항공편은 3월에 있어요.

- 히드로 공항이 가장 편리한 공항이에요.

- 가장 흥미롭지 않은 직원은 짐이에요.

- 이 은행이 이 도시에서 가장 큰 은행이에요.

- 두 번째로 큰 도시는 로스앤젤레스예요.

- 우리 큰딸은 아직 결혼을 안 했어요.

- 가장 가까운 약국은 어디에 있어요?

- 가장 저렴한 여행 상품은 11월에 있어요.

- 런던 킹스크로스 역이 가장 편리한 역이에요.

- 가장 덜 모호한 부분이 파트 4예요.

DAY 54 형용사와 부사

Step 1

형용사는 오직 명사를 수식하는 데 반해 부사는 동사나 형용사, 혹은 다른 부사를 수식한다.

예를 들어 부사는 '어떻게' 그 행위나 동작을 했는지 전달한다. '빠르다 (발걸음)'를 '빨리 (걷다)'로 바꾸는 것처럼 형용사를 부사로 바꾸기 위해서는 대부분의 경우 형용사의 어미에 -ly를 붙이는 것만으로 끝난다.

부사가 동사나 형용사가 아닌 다른 부사를 수식하는 예로서 대단히 일반적인 very가 있다. "Jim is very tall."(짐은 매우 키가 크다)의 경우에는 형용사 tall을, "Min did his homework very quickly."(민은 매우 빠르게 숙제를 했다)의 경우에는 부사 quickly를 부사 very가 수식하는 셈이다.

Step 2

1. Please fill in the form carefully.
2. Sara suddenly moved to Beijing.
3. He was badly hurt in the accident.
4. Alan finished the job quickly.
5. It started to snow suddenly.
6. I was waiting nervously for my appointment.
7. I did poorly in the job interview.

Step 3

1. Please read the details carefully.
2. Sara quickly adapted to Beijing.
3. No one was badly hurt in the accident.
4. Amy completed the job quickly.
5. The rain let up suddenly.
6. I waited nervously for my date.
7. I did well in the job interview.

형용사와 부사

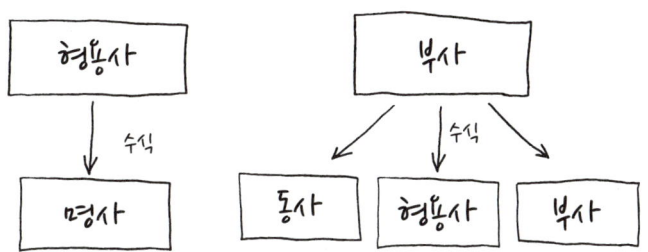

- 서류를 주의 깊게 작성해주세요.
- 사라는 베이징으로 갑자기 이사를 갔어요.
- 그는 그 사고로 심하게 다쳤어요.
- 앨런은 일을 빠르게 끝마쳤어요.
- 갑자기 눈이 오기 시작했어요.
- 약속을 초조하게 기다리고 있었어요.
- 면접을 못 봤어요.

- 세부사항을 주의 깊게 읽어주세요.
- 사라는 베이징에 빠르게 적응했어요.
- 그 사고로 심하게 다친 사람은 없었어요.
- 에이미는 일을 빠르게 끝마쳤어요.
- 갑자기 비가 잦아들었어요.
- 데이트를 초조하게 기다렸어요.
- 면접을 잘 봤어요.

DAY 55 '시키는' 표현 let, make, have의 구분

have/let/make+사람+동사원형 패턴은 '**남에게 ~하게 시키다**'라는 의미를 나타내지만 각각 약간씩 뜻이 다르다.

우선 have는 상대방의 의사에 반하게 '(무리하게) ~시킨다'거나, 혹은 상대방의 의향에 따라 '(허락해서) 하고 싶은 대로 시켜준다'는 뜻이 아니라 그 행위가 일상생활에서 매우 당연히 행해질 때 쓴다. 예를 들면 교사가 학생에게 숙제를 내는 일은 지극히 당연한 일이므로 교사가 숙제를 '시키는' 것과 같은 경우 have를 쓴다(아래 예문을 참고하기 바란다). 하지만 만일 그 숙제가 지나치게 힘들어서 학생이 강제성을 느꼈다면 "He made us do extra homework."이라고 표현할 것이다. have나 make 어느 쪽을 선택할 것인지는 그것을

Step 2

1. The teacher **has** her students do homework.
2. Our supervisor **had** us work late on Friday.
3. I'll **have** him call you back.
4. The professor **let** the students leave early.
5. We **let** her study art in Paris.
6. Mr. Smith didn't **make** us work late.
7. My Mother **made** me clean my room.

Step 3

1. The teacher **had** students work together.
2. Our boss **had** us work extra hard.
3. I'll **have** him return your call.
4. The professor **let** us go home early.
5. They **let** me study abroad for one year.
6. Mr. Smith didn't **make** us work hard.
7. My Mother **made** me do my homework first.

Round 1 ☐	Round 2 ☐	Round 3 ☐	Round 4 ☐	Round 5 ☐	Round 6 ☐
월 일	월 일	월 일	월 일	월 일	월 일

말하는 사람이 그 상황을 어떻게 평가하고 판단하는가에 달려 있다.

let을 쓰는 경우 해석은 똑같이 '시키다'이지만 원래 상대방이 하고 싶어 하는 일을 '허가한다', '시켜준다'라는 뜻이 있다.

앞서 설명한 대로 이것이 make일 때는 싫어하는 상대에게 강제로 '시킨다'는 뜻이 된다. 같은 '시키다'라도 그 행위를 '하는 상대'가 어떻게 생각하는가에 따라 사용하는 표현도 달라진다.

▸ 그 선생님은 학생들이 숙제하도록 시킵니다.

▸ 우리 상사는 우리가 금요일에 야근하게 했어요.

▸ 그에게 전화 드리라고 할게요. <비즈니스>

▸ 교수님은 학생들을 일찍 보내주셨어요.

▸ 우리는 그녀가 파리에서 미술 공부를 할 수 있게 해줬어요.

▸ 스미스 씨는 우리가 야근하게 만들지는 않았어요.

▸ 어머니는 제가 스스로 방을 치우게 시키셨어요.

▸ 그 선생님은 학생들이 협동하도록 시켰습니다.

▸ 우리 상사는 우리가 일을 열심히 하게 했어요.

▸ 그에게 다시 전화를 드리라고 할게요. <비즈니스>

▸ 교수님은 우리를 집에 일찍 보내주셨어요.

▸ 그들은 내가 해외에서 1년 동안 공부할 수 있게 해줬어요.

▸ 스미스 씨는 우리가 열심히 일하도록 만들지는 않았어요.

▸ 어머니는 제가 숙제를 먼저 하도록 시키셨어요.

이것만은 꼭!
4 주요 불규칙동사

Column

의미	원형	과거형	과거분사
~이다, 있다	be (am, is, are)	was (were)	been
~이 되다	become	became	become
사다	buy	bought	bought
선택하다	choose	chose	chosen
오다	come	came	come
하다	do (does)	did	done
먹다	eat	ate	eaten
느끼다	feel	felt	felt
얻다	get	got	got (gotten)
주다	give	gave	given
가다	go	went	gone
가지다	have (has)	had	had
듣다	hear	heard	heard
지키다	keep	kept	kept
알다	know	knew	known
떠나다	leave	left	left
만들다	make	made	made
의미하다	mean	meant	meant
만나다	meet	met	met
지불하다	pay	paid	paid
말하다	say	said	said
보다	see	saw	seen
팔다	sell	sold	sold
앉다	sit	sat	sat
말하다	speak	spoke	spoken
말하다	tell	told	told
생각하다	think	thought	thought
이해하다	understand	understood	understood
입다	wear	wore	worn
쓰다	write	wrote	written

알아두면 좋은 시제 표현

지금까지 이 책에서 다루지 않은 시제 표현을 소개하겠다. 이것으로 모든 시제 표현을 다루게 된다.

다만 이제부터 설명하는 시제 표현은 처음부터 익혀야 하는 내용은 아니다. 이유는 간단하다. 사용 빈도수가 적기 때문이다. 한국에서는 중고등학교 교과서에서 가르치고 영어 시험에도 자주 등장하지만 실제 영어회화에서는 우선순위가 높지 않다.

사용 빈도수가 낮을 뿐 아니라 어렵기도 하다. 이 책에서 지금까지 다룬 문법은 반드시 익혀야 할 문형이다. 그러므로 머리로만 이해하지 말고 눈과 귀와 입을 사용해서 몸에 밸 정도로 기억하자. 즉 사용 빈도수가 높은 기본 문법을 익히기 전에 어려운 문법을 기억하려다 기초가 흔들리는 것은 바람직하지 않다.

이 책은 '말하기 위한 문법'을 습득하는 것을 목표로 하기 때문에 시제 표현을 가장 뒤로 빼서 여력이 되면 한번 훑어보는 형식으로 구성했다.

PLUS 01 현재완료형 ①

현재완료형은 '과거에서 (말하고 있는) 현재까지 이어지는 시간'에 일어난 사건이나 행위에 대해 말할 때 쓰는 시제다. 다만 말하는 사람의 관심이 오로지 현재에 있다고 생각하기 바란다. 현재에 대해 말할 때 그것이 과거 사건의 '결과'라든지, 과거에 있는 행위를 '끝낸' 상태라든지, 과거에서 계속 이어져서 '현재'에 이르렀다든지, 현재를 말하기 위해 과거와의 관계를 말할 때 현재완료를 쓴다. 과거형이 과거에 어느 특정 시점이나 기간에 대해서만 말한다는 (현재가 어떤지는 상관없다는) 점과 비교해서 기억하면 좋을 것이다.

Step 1

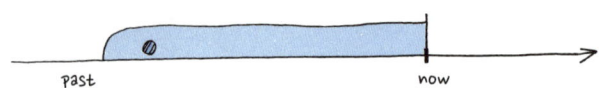

Step 2

1 I have already contacted my friend.

▶ 이미 친구에게 연락했어요.

2 We have arranged a meeting place.

▶ 우리는 약속 장소를 정했어요.

3 I haven't made a reservation.

▶ 예약하지 않았어요. (예약하는 것을 잊어버려서 이제 하려고 하는 상황)

4 Have you finished your work for today?

▶ 오늘 할 일 다 하셨나요?

PLUS 02 현재완료형 ②

현재완료형 문장에서는 종종 already '예상했던 시점보다 전에, 이미'나 just '이제 막', yet '아직'과 같은 단어를 쓴다. 이 말들은 모두 시간 관계를 나타내는 말(부사)이다. 다만 yet의 경우는 의문문과 부정문에만 쓰고 의문문에서는 '벌써 ~했습니까?', 부정문에서는 '아직 ~하지 않았습니다'라는 뜻이 된다.

Step 1

부정이나 의문을 나타내는 현재완료형

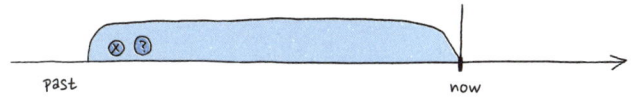

Step 2

1. **Mr. Wilson has already left the office.**
▶ 윌슨 씨는 이미 사무실을 떠났어요.

2. **We have just rehearsed our presentation twice.**
▶ 우리는 이제 막 발표 연습을 두 번 했어요.

3. **Have you met the new assistant yet?**
▶ 새로 온 보조 직원을 벌써 만나보셨어요?

4. **I haven't packed my suitcase yet.**
▶ 나는 아직 짐을 안 쌌어요.

PLUS 03 현재완료형 ③

Have you ever~?라는 현재완료형 의문문은 상대방이 태어나서 지금까지 무엇을 해본 적이 있었는지, '경험의 유무'를 물을 때 쓴다. ever는 생략해도 되지만 ever를 붙임으로써 질문의 의도가 좀 더 명확하게 전달된다. Have you ever~?를 하나의 표현으로 기억해두면 편리하다.
예문 3과 4는 지금까지 어떤 결과를 얻었는지를 묻는 문장이다.

Step 1

Step 2

① **Have you ever travelled to Europe?**
▶ 유럽을 여행한 적 있으세요?

② **Have you ever attended an opera?**
▶ 오페라에 가본 적 있으세요?

③ **Have they responded to our proposal?**
▶ 그들이 우리의 제안에 답변을 주었나요?

④ **Have we forgotten anything?**
▶ 우리가 잊은 것이 있었나요?

PLUS 04 현재완료진행형
have + been + -ing

현재완료형은 '과거에서 현재까지 이어지는 시간'에 일어난 사건이 현재에 미친 영향이나 결과를 말할 때 쓴다. 따라서 그 사건이 한 번만 일어났어도 상관없다. 이에 반해 현재완료진행형은 과거에서 현재까지 계속 이어진, 혹은 현재도 아직 이어지고 있는 사건을 말할 때 쓴다. 현재완료형에서는 말하는 사람의 관심이 어디까지나 현재에 있지만 현재완료진행형을 쓸 때 말하는 사람의 관심은 과거에서 현재까지 이어지고 있는 사건이나 행위의 연속성에 있다. 따라서 그 일이 얼마나 오래 이어지고 있는지를 전달하거나 '지금까지 한 번도 그것이 멈춘 적이 없었다'는 점을 강조할 때 쓴다.

Step 1

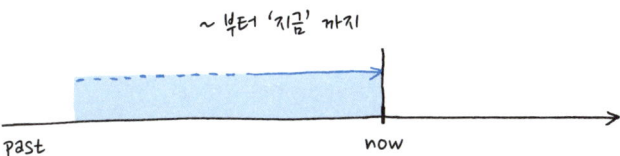

Step 2

1 I've been studying English for ten years.
▶ 영어를 10년간 공부하고 있어요.

2 I've been looking forward to meeting you.
▶ 무척이나 뵙고 싶었어요.

3 Recently, our company has been growing quickly.
▶ 최근 우리 회사는 빠르게 성장하고 있어요.

4 How long have you been practicing boxing?
▶ 얼마나 오랫동안 복싱 연습을 해왔나요?

PLUS 05 과거완료형
had+동사의 과거분사

어떤 일에 대해 과거형으로 말한다고 치자. 그때 과거의 어떤 시점이 이야기의 출발점이 될 것이다. 과거완료형은 그 출발점보다 전에 일어난 일로 거슬러 올라가서 말할 때 쓴다. 예를 들면 친구에게 최근 N서울타워에 갔던 일을 말할 때를 상상해보자. 당신은 이야기의 출발점을 N서울타워에 도착한 시점에 두고 과거형으로 이야기하기 시작했지만 이야기하다 보니 N서울타워에 도착하기 이전의 일을 말할 필요가 생겼다. 이때 과거형으로 말하면 듣는 사람은 그것이 더 거슬러 올라간 이야기라는 사실을 알 수 없다. 과거완료형(had+동사의 과거분사)은 그것이 이야기의 출발점보다 이전이라는 사실을 나타내기 위해 쓴다. 아래의 예문은 이 N서울타워를 방문하는 설정에 따라 과거완료형을 쓴 예문을 나타낸 것이다.

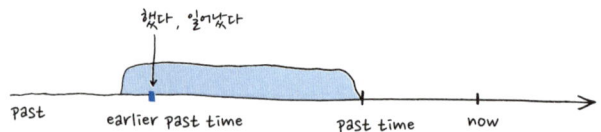

1. **I had bought tickets the day before.**
▶ 그 전날 티켓을 샀어요.

2. **I had invited friends to go with me.**
▶ 같이 갈 친구들을 초대했어요.

3. **We had just arrived when lightning struck.**
▶ 막 도착하자마자, 번개가 쳤어요.

4. **My friends had arrived before I did.**
▶ 도착하기 전에 친구들이 먼저 도착해 있었어요.

과거완료진행형
had+been+-ing

Step2 - 116

Step 1

앞서 설명한 '지금부터 시간'과 '그때부터 시간'을 상기하기 바란다(56~59쪽). 앞에서 말한 과거완료형은 과거의 어느 한 시점을 기준으로 '그로부터' 과거의 일을 말할 때 쓰인다. 이에 반해 과거의 어느 한 시점 이전부터 '그때'까지 지속되는 것을 나타낼 때는 과거완료진행형을 쓴다. 예를 들면 '어제 우리는 등산을 갔는데 걷기 시작한 지 1시간 정도 지나자 비가 오기 시작했다'라고 말할 경우, 등산을 시작한 시점을 이야기의 출발점으로 보아 "Yesterday we went hiking in the mountains, and an hour after we began, it started to rain."이라고 모두 과거형으로 순서대로 말하면 되지만 '비가 내리기 시작한' 때를 '그때'로 말하면 "We had been hiking for an hour when it started to rain."(비가 내리기 시작한 때는 그로부터 1시간 걸었을 때였다)라고 과거완료진행형으로 표현한다.

Step 2

1. **How long had you been waiting?**
▶ 얼마나 기다리고 있었어요?

2. **I'd been waiting about three hours.**
▶ 저는 3시간 정도 기다렸어요.

3. **I had been feeling ill since morning. (So I went to a clinic.)**
▶ 아침부터 아팠어요. (그래서 병원에 갔어요.)

4. **I had been studying English in New Zealand before going to England.**
▶ 영국에 가기 전에, 뉴질랜드에서 영어를 계속 공부하고 있었어요.

PLUS 07 미래완료형
will+have+동사의 과거분사

))) Step2 - 117

앞서 설명한 바와 같이 '그때부터 시간'은 어느 시점을 기준으로 말하는지에 따라 사용하는 시제가 달라진다. 그리고 이 기준점은 과거에만 국한하지 않고 미래에 둘 수도 있다.

예를 들면 지금이 오전 11시라고 치자. 당신은 지금 하고 있는 일이 오후 6시에는 끝날 것이라고 생각한다. 그 예상을 전달하기 위해서는 미래완료형을 사용해서 "By 6:00 I will have finished that job."이라고 표현한다. 이때 기준점은 미래의 어느 시점(오후 6시)이기 때문에 will을 사용하고 나아가 그때까지는 끝나 있을 것이기 때문에 have+과거분사라는 완료형을 덧붙인 것이다.

Step 1

미래완료형

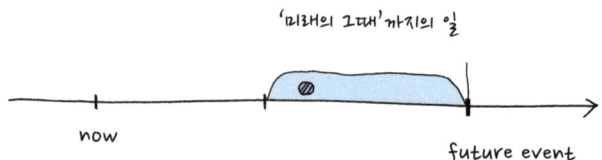

'미래의 그때'까지의 일

now　　　　　　　　　　　future event

Step 2

1 **The movie will have started when we get there.**
[이미 7시가 되었고, 7시 15분에 영화가 시작하는 영화관을 향해 차를 운전해서 가고 있는 상황]

▶ 우리가 도착할 때쯤이면, 영화는 시작해 있을 거예요.

2 **I will have learned basic English grammar.**
[이 책을 다 끝마쳤을 때의 자신을 떠올리며]

▶ (그때쯤이면) 저는 기초 영어 문법은 학습한 상태일 거예요.

3 **I will have visited four countries.**
[관광하러 여행을 간 상황에서 그 여행이 끝났을 때를 떠올리며]

▶ (그때쯤이면) 저는 4개 나라에 다녀온 상태일 거예요.

PLUS 08 미래진행형
will+be+-ing

현재진행형은 '말하고 있는 지금 일어나고 있는' 일을 말할 때 쓴다고 했다. 이때 기준점은 '말하고 있는 지금'이다. 이 기준점을 미래에 있는 시점에 둘 수도 있다. 예를 들면 '지금부터 한 시간 후'를 생각해 보자. 그 시점에서 당신은 무엇을 하고 있을까? 그것을 말하기 위해서는 미래진행형을 쓴다.

예를 들면 "I will be walking toward the subway."(지하철역으로 걸어가고 있을 것이다), "I will be having lunch with a friend."(친구와 점심을 먹고 있을 것이다)라고 표현하면 된다.

이것은 단순한 미래형인 "I will eat lunch."(점심을 먹을 것이다), "I'm going to eat lunch."(점심을 먹을 예정이다)와는 의미가 다르다. 미래진행형은 어디까지나 미래에 있는 시점에서 '어떤 일을 하고 있는 도중'임을 표현하는 것이다.

Step 1

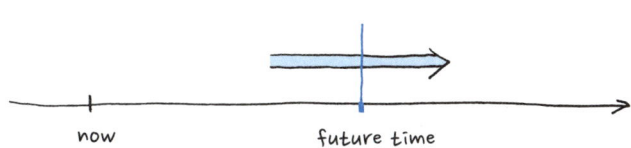

❶ I'll be eating dinner in two hours.
▶ 2시간 후에 저녁을 먹고 있을 거예요.

❷ I'll be traveling in Europe next July.
▶ 다음 7월에는 유럽을 여행하고 있을 거예요.

Step 2

❸ Soon I'll be looking for another job.
▶ 곧 다른 일자리를 알아볼 거예요.

❹ This flight will be arriving in 10 minutes.
▶ 이 비행기는 10분 후에 도착할 거예요.

PLUS 09 미래완료진행형
will+have+been+-ing

Step 1

완료형이든 진행형이든 적절한 시제(시간 표현)를 사용하기 위해서는 이야기의 기준점을 어디에 두는지가 매우 중요하다. 아니, 사실 시간의 기준점이 없으면 문장을 만드는 것 자체도 불가능하다.

현재에도 과거에도 '완료진행형'이 있었다. 당연한 얘기지만 이야기의 기준점을 '미래의 어느 시점'에 두면 '미래완료진행형'이라는 표현도 가능하다. 예를 들면 한국어에서도 '내년 4월이면 이 회사에서 근속 10년이 된다'라는 표현을 하는데, 이것은 미래의 시점을 생각하고 거기에서 자신이 계속해 온 일을 회고해서 표현한 것이다.

이와 같은 경우 영어에서는 미래완료진행형을 써서 "I will have been working for this company for 10 years in April next year."라고 표현한다.

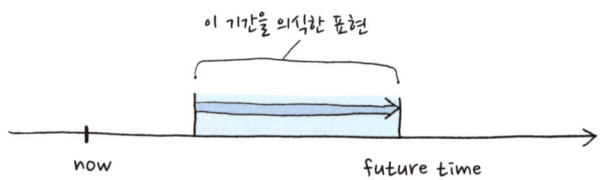

미래완료진행형

이 기간을 의식한 표현

now   future time

Step 2

1 Tomorrow, I will have been traveling for a week.
▶ 내일이면 여행한 지도 일주일이 되겠네요.

2 In April, we will have been skiing for 5 months.
▶ 4월이면 우리가 스키를 탄 지 5개월 되겠네요.

3 In 2017, I will have been studying English for 12 years.
▶ 2017년이면 영어를 공부한 지 12년이 되겠네요.

4 At the end of this year, I will have been working for 20 years.
▶ 올해 말이면 일한 지도 20년이 되겠네요.

저자 및 역자 소개

저자 James M. Vardaman

1947년 미국 테네시 출생.
하와이 대학 아시아연구 전공, 박사. 와세다 대학 문화구상학부 교수.
저서에는 <미국 흑인의 역사>, <록을 낳은 미국 남부 루트 뮤직의 문화적 배경>
(이상 NHK 북스), <미국 초등학생이 배우는 역사 교과서>(재팬북), <미국 남부>
(고단샤), <흑인 차별과 미국공민권 운동>(집영사신서) 등 다수가 있다.

저자 안도 후미히토 安藤文人 (해설)

1957년 기후현 기후시 출생.
와세다 대학 대학원 문학연구과 영문학 전공 박사 후기과정 수료.
와세다 대학 문화구상학부 교수.
저서에는 <대학원 입시를 위한 필수 영단어>(나쯔메사)가 있다.

역자 황혜숙

건국대학교 일어교육과와 뉴질랜드 오클랜드 대학 언어학 석사를 취득했으며 번역 에이전시 엔터스코리아 출판 기획 및 일본어 전문 번역가로 활동 중이다. 주요 역서로는 『It's Basic English』, 『TOEIC 레벨순 영단어 2000』, 『도쿄대 영단어 280』 등 다수가 있다.

영어를 핵심 위주로
다시 빠르게 다지고 싶은 분을 위한

매일 10분
기초 영문법의 기적
영어패턴이 보이고
영어회화가 된다

초판 8쇄 발행 2024년 11월

저자 James M. Vardaman, 안도 후미히토(安藤文人)

역자 황혜숙

펴낸이 김기중

펴낸곳 ㈜키출판사

전화 1644-8808 / **팩스** 02)733-1595

등록 1980. 3. 19.(제16-32호)

홈페이지 http://www.keymedia.co.kr

E-mail company@keymedia.co.kr

© 2017 James M. Vardaman, 안도 후미히토(安藤文人)

정가 12,000원
이 책의 무단 복제, 복사, 전재는 저작권법에 저촉됩니다.
잘못 만들어진 책은 구입처에서 바꾸어 드립니다.
ISBN 978-89-7457-486-4 (13740)